Franz Böni, geboren 1952, lebt heute in einem Dorf zwischen Zürich und Zug. 1979 erschienen die Erzählungen »Ein Wanderer im Alpenregen« und der Roman »Schlatt«, 1980 die Erzählungssammlung »Der Knochensammler« und die Erzählung »Hospiz«, 1981 der Roman »Die Wanderarbeiter«, alle im Suhrkamp Verlag.

Franz Böni erhielt verschiedene Auszeichnungen und Preise. 1981 wurde ihm der Förderpreis des Bremer Literaturpreises zugesprochen.

Die Stücke, Gedichte, Aufsätze und Erzählungen, die in diesem Buch vorgelegt werden, zeigen über eine Zeitspanne von zehn Jahren, 1970-1980, die Entwicklung eines »Dachkammerbewohners«, der zunehmend bewußter und mit literarischen Mitteln auf die Zustände und Vorgänge in seiner Umgebung reagiert. Franz Böni lebte mehrere Jahre in der Zürcher Altstadt an der Limmat, in »unmittelbarer Nachbarschaft der Schriftsteller Paul Nizon und Hugo Loetscher«. Den politischen und handfesten Kampf um die »Autonome Republik Bunker«, als Folge der 68er Auseinandersetzungen in Zürich, erlebte er aus nächster Nähe mit. Die beiden Stücke in diesem Band wiederspiegeln die Atmosphäre Zürichs im Jahre 1969. Gedanken zur Umwelt, zur Popmusik, zu Polizeikrawallen und Reisen in fremde Länder finden ihren literarischen Ausdruck in den Gedichten, die den Charakter von Tagebuchnotizen zur Zeit haben.

Die Erzählungen und Aufsätze, wie auch die sehr persönlichen Gedichte und die beiden Stücke, gelten als Schlüsseltexte zum Verständnis von Franz Bönis Werk.

Den Band beschließt die Laudatio von Rolf Michaelis, Hamburg, auf den jungen Bremer Preisträger.

Franz Böni

# Sagen aus dem Schächental

Stücke, Gedichte, Aufsätze, Erzählungen

Mit einer Laudatio auf Franz Böni
von Rolf Michaelis

Ammann

Erste Auflage 1982
© 1982 by Ammann Verlag AG, Zürich
Alle Rechte vorbehalten
Satz und Druck: Poeschel & Schulz-Schomburgk, Eschwege
Frontispiz-Foto: Ruth Bälliger, Zürich 1970
ISBN 3-250-01006-5

Die Dachkammer liegt in der Mitte des Flurs und mißt zweieinhalb Meter. Zu beiden Seiten befinden sich dunkle Vorrats- und Rumpelkammern. Eine Eisenbettstelle, ein Waschtisch und ein Stuhl stehen darin. Die vier nackten Wände scheinen dich wie Sargwände zu umschließen. Deine Hand fährt zur Kehle, du schnappst nach Luft und blickst empor wie aus der Tiefe eines Brunnens – durch die Scheibe des kleinen Oberlichtfensters siehst du ein Viereck blauer Unendlichkeit.

O. Henry

Stücke

# Stromer
Stück (1970)

Das Stück will weder Mißstände in der Großstadt aufdecken, noch das Leben von Stadtstreichern zeigen, sondern lediglich eine Atmosphäre vermitteln. Die Kulisse dient als ein Aspekt des Lebens und also des Todes. Löst es Entsetzen aus, so ist sein Zweck bereits erfüllt.

*Personen*

A. (Archibald Berger)
Karl Frieden, genannt Kaly
Paul Bucher, genannt Piny Butsch (alter Clochard, grauer Bart, grüner, spitzer Filzhut)
Jacky's Geist (zerfurchtes Gesicht, graues, langes, strähniges Haar, Filzmütze, in Lumpen gekleidet)
Bannwart's Geist (Professorenbrille, Beret, Regenmantel, stolzer Gang)
Alab's Geist (furchteinflößender, großer Clochard, Bartstoppeln, zerzaustes Haar, zerrissene Kleider, steifes Bein)

*Ort der Handlung*

Dachkammer eines Stromerheims (düsterer Holzraum, ein Fenster zum Fluß, drei alte kastenähnliche Betten, roher Bretterboden, schäbige Vorhänge, grobe Bänke, ein Tisch, eine Eingangstür, kaputte Koffer und anderes Gepäck, in der Mitte des Tisches liegt ein dickes Buch)

*Erster Akt*

*Nach dreimaligem Klingelzeichen öffnet sich der Vorhang. Wie aus dem Nichts erscheint auf der Bühne ein kleines Männlein, das aussieht als ob es Jackylein heiße. Die Haare sind filzig, der Kragen zur Hälfte hochgeschlagen. Am Nacken hat es einen großen Wulst, einen eitrigen Auswuchs, der durch die Reibung mit dem schmutzigen Kragen entstanden ist. Die düstere Bühne scheint eine große Halle darzustellen, ähnlich einem Bahnhof nachts um drei. In der Mitte des Raumes steht klein der Clochard, halb abgewendet. Er macht ruckartige Bewegungen mit Armen und Beinen und wirkt, als ob er betrunken wäre, er ist jedoch lediglich ein kaputter Mensch.*

JACKY: Kommt ihn nur holen
Legt ihm doch Handschellen an
dem armen Jackylein
Führt ihn nur ab
Schlagt ihn doch
den Jackylein
Bringt ihn weg
locht ihn ein
schlagt ihn nur tot
den Jackylein
*(Löst sich plötzlich in Luft auf, gleichzeitig lichtet sich die Düsterkeit ein bißchen)*

*Die Bühne stellt gar keine Bahnhofshalle dar, sondern eine schäbige Dachkammer. A. sitzt am Tisch in der Mitte, Kaly steht am Fenster. Beide schauen gebannt auf die Stelle der Manifestation des Geistes. Lange Pause. Dann dreht sich Kaly zum Fenster und schaut in den trüben Tag hinaus. A. beginnt langsam zu sprechen.*

A.: Ich habe ihn in der Bahnhofshalle
vor dem Blumengeschäft getroffen
Wir trafen uns immer dort
Er sagte: So, bist du wieder da?
Ich antwortete: Ja, und jetzt geh ich nie mehr in die Fabrik!
Er lächelte hämisch
Er fragte: Wie geht es dir?
Ich antwortete: Warum soll es mir besser gehen als dir!
Ich war bereits gereizt
So war das mit Hermann immer
Was ich auch sagte
er lächelte spöttisch dazu
Du kannst bei mir schlafen, sagte ich
Jeder schläft dort, wo er hingehört, erwiderte er
Du hast dich verändert, sagte ich
Du leider nicht, sagte er
Du bist anders geworden, ich, das ist das Schlimme
Nein, daß du es leider nicht bist, sagte er

Vor der Treppe zur Unterführung stand Piny Butsch und spielte auf seinem Metall-Kibitz. Das ganze

Bahnhofsareal war von diesem Zwitschern erfüllt. Er sah direkt an die Tafel: Das Feilbieten von Waren in der Bahnhofshalle ist verboten! Er wollte gar kein Geld einsammeln und als die Leute einfach auf ihn zukamen und ihm Geld in die Hand drückten, rief er, das ist verboten, und wehrte sie ab. Ich stellte mich neben ihn und sagte den Leuten: Er macht es aus reiner Lebensfreude, es gibt Leute, die Velofahren, er spielt Okarina.

In der Unterführung spazierte der Geigenmann umher und spielte auf seiner Violine. An seinem Rücken stand zu lesen: Bleiben Sie ja nicht stehen, das ist in der Unterführung verboten! Soeben wurden zwei Männer abgeführt, die für ihre Sache warben!

Wir gingen durch die Parkanlagen und sahen eine Tafel mit der Aufschrift: Das Sitzen auf dem Rasen ist verboten!

Im Tunnel zum Armenviertel sah ich mich immer wieder um, denn ich sah einen Stadtstreicher, den ich zuerst für Piny Butsch hielt. Heute vermute ich, daß es der legendäre Tiby, der König der Stadtstreicher, gewesen ist, von welchem es heißt, daß er überall auftaucht, daß er in der Calvinstadt lebte, nun aber längst tot sei.

Wir sind über die rostigen Eisenbrücken geschritten, hinter welchen die Sonne blutrot untergegangen ist. Ich habe in einem Abbruchhaus ein Zimmer mit Piny geteilt.

Piny hat bei mir gegessen und geschlafen und ist wie ein Schatten neben mir hergegangen. Er mußte sich stillhalten, damit der Hausmeister nichts merkte. Er durfte nicht fest auftreten, weil der Hausmeister das Knarren des Holzbodens hörte und wußte, wann ich nicht zuhause war. Piny hat gesagt, daß ein Sträfling besser lebt, da dieser einmal am Tag zu einem Rundgang hinausgeführt werde. Piny durfte nicht aus dem Fenster schauen, weil auf der Straße der Hausmeister stand und in die Höhe sah. Befand sich nicht der Hausmeister selber vor dem Haus, so waren es seine Kinder oder seine Frau. Piny sagte, daß ein Sträfling wenigstens aus dem Zellenfenster schauen dürfe, er dürfe nicht einmal das. Den Tag über ist er dann lieber im Bahnhof herumgestrichen. Mit Piny und Hermann bin ich in ein Wirtshaus gegangen, das »Rosenhimmel« hieß und in welchem die Vagabunden auf Bänken und unter den Tischen schliefen. Zu acht sind wir jeweils um den runden Tisch gesessen und haben uns von unseren Sorgen erzählt. Als der »Rosenhimmel« abgebrochen wurde, haben wir uns in einer Bar getroffen. Als die Bar abgebrochen wurde, haben wir uns in einer Weinhalle getroffen. Als die Weinhalle abgebrochen wurde, haben wir uns in einem Bierhaus getroffen. Das Bierhaus mußte geschlossen werden und wir trafen uns im Wiener Kaffeehaus. Als das Kaffeehaus abgebrochen wurde, haben wir nicht mehr gewußt, wohin. Wir sind dann überhaupt nicht mehr ausgegangen und haben uns bei mir getroffen. Piny und Hermann haben in der Volksküche nichts zu essen bekommen, obwohl dort wie in allen Wirtshäusern und Hotels der Stadt jeden Abend eimerweise Abfall vor die Hintertür gestellt wurde. Die Schweine hatten zu fressen, doch sie hatten hungern müssen.

Die Polizei ist gekommen und hat gesagt, daß bei mir ein Stadtstreicher schlafe. Glücklicherweise befand sich Piny gerade im Wartsaal, wo er den Nofredamus-Kalender zu lesen pflegte, und Hermann strich irgendwo umher.

In jenem Abbruchhaus haben fünfzig Stadtstreicher gelebt, was langsam für die Stadtverwaltung zum Problem wurde. Als das Haus abgebrochen wurde, gingen die Stadtstreicher in die Bahnhofshalle, was ebenfalls zu einem Problem wurde. Zunehmend waren auch junge Stadtstreicher in den Wartsälen schlafend entdeckt worden.

KALY: *(Schaut zum Fenster hinaus)*
Träge wälzt sich der Fluß vorwärts
Schwarze Schleppkähne teilen die gelben Wasserfluten
Der Regen hat wieder eingesetzt
Auf einem Kehrichteimer im Hof sitzt Piny und versucht sich mit einem durchlöcherten Schirm vor dem Regen zu schützen
*(Winkt ihm heraufzukommen)*
Er besitzt mehrere Kopfbedeckungen, die er nach Lust wechselt.
Wenn er die Kopfbedeckung ändert, glauben die Leute, er sei von Kopf bis Fuß anders gekleidet und merken gar nicht, daß er ein Stadtstreicher ist.
*(Zum eintretenden Piny)*
Wo hast du heute nacht geschlafen, Piny?

PINY: In einem Bett, selbstverständlich!
*(Versucht sich den Rücken abzuwischen)*
KALY: Es kleben immer noch Blätter und Zweige an deinem Rücken!
*(Lehnt am Fenster)*
PINY: *(Setzt sich auf das Bett, nimmt ein Buch A.'s zur Hand)*
Aha, »Wenn die Totenglocke ruft«!
A.: *(Gedankenverloren)*
Hermann ging plötzlich wieder durch die alten Gassen und Straßen seiner Kindheit. Er bog in eine enge, dunkle Gasse, die in die Gegend seines damaligen Wohnortes führte. Durch ein Fensterloch schlüpfte er in eine Garage, wo er, von einem Faß, Benzin in einen Kanister umleerte. Er trat durch das Tor mit dem Kanister in der Hand auf die Gasse hinaus und stieg auf ein Velo, das an der Mauer lehnte. Er fuhr mitten ins ehemalige Wohnquartier auf den schmutzigen Hof. In einer Wohnung in den düsteren Mietskasernen wohnten immer noch seine Eltern. Der Vater saß betrunken mit einer Flasche Wein in der Rechten auf einem Stuhl, die Mutter wischte sich eine Strähne aus dem Gesicht und rührte eine dünne Suppe. Vom Hof erscholl ein markerschütternder Schrei, dort brannte Hermann lichterloh und rannte als eine brennende Fackel ziellos über den ganzen Platz. Menschen mit Decken, Tüchern und Säcken packten ihn, wickelten den brennenden Körper ein und rollten ihn auf dem Boden. Auf dem Fahrrad lag ein Zettel, mit der Zeile darauf: Ich kann in dieser Hölle nicht mehr leben!

Etwa eine Sekunde lang sahen Augenzeugen einen alten Clochard diesen Zettel in der Hand halten. Es war Tiby, der König der Stadtstreicher. In diesem Augenblick schritt hinter den Häusern eine ungewöhnlich laut schmetternde, alles niederdrückende Militärmusik vorüber.

KALY: Nein, nein, das hat sich ganz anders zugetragen! Hermann ist in den Schlachthof eingedrungen und hat sich im Rinderstall angezündet. Der einzige, der ihn beobachtet hat, war ein Vagabund, der sich in die leeren Räume des Schlachthofes zurückgezogen und versteckt gehalten hatte. Vor Schreck ist er schreiend durch die Korridore ans Tageslicht gerannt. Die Schlachter haben im Rinderstall auf dem Strohboden sein Lager entdeckt. Von dort aus, muß er Hermann's Tat mitverfolgt haben. Es steht nicht fest, ob der flüchtende Vagabund mit jenem Tiby identisch ist, der manchmal jahrelang nicht zu sehen ist, wenn er aber dann auftaucht, von allen Eingeweihten zweifelsfrei erkannt wird.

PINY: Es ist ganz anders gewesen! Hermann war nie geschaffen für das Leben eines Stadtstreichers. Die Lektüre des Buches »*Wenn die Totenglocke ruft*« hat ihn vollends niedergeschlagen. In der Nacht ist er an den Rand der Stadt geflüchtet. Im Morgennebel zündete er sich an und rannte als brennende Fackel durch einen abgeholzten Rebberg. Er kam auf dem Rücken zwischen die Wurzelstöcke der Reben zu liegen. Ohren und Nase waren nur noch Knorpel. Die Finger waren bis zu den Händen weggeschmolzen. Die Haut hat sich zurückgezogen. Zwischen den Nebelschwaden will ein Rebbergarbeiter zwei braune Manchesterhosenbeine gesehen haben. Es ist bekannt, daß Tiby, als er noch lebte, ich habe ihn Jahre nicht mehr gesehen, immer braune, grobe Manchesterhosen trug.

## Zweiter Akt

*Plötzlich tritt wie durch eine unsichtbare Tür forsch und aufrecht, mit Schirm am Handgelenk, Professor Bannwart's Geist ein, durchquert den Raum und will im dunkeln Winkel, wie durch einen schmalen Korridor abgehen. Kaly und Piny sehen ihm ausdruckslos zu, A. durchfährt eine Erleuchtung, als ob er den Geist eines Totgeglaubten sehen würde. Überrascht hält er ihn auf.*

A.: Guten Tag, Herr Professor!
*(Schaut mitleidvoll)*
BANNWART: *(Wendet sich ihm klagend und hilfesuchend zu, fleht ihn an.)*
Führen Sie meine angefangene Arbeit fort, führen Sie bitte weiter, was ich angefangen, verstehen Sie, die Arbeit darf nicht aufgegeben werden.
*(Die Projektion ist verschwunden)*
A.: *(Wendet sich an Kaly und Piny)*
Das war doch der Professor Bannwart vom Bahnhof?
PINY: Ja, der große Physiker, dem seine Pläne aus Versehen dem Kehricht mitgegeben wurden, der die Frucht seiner jahrzehntelangen Forschung verloren sah, zum Stadtstreicher wurde und letzten Monat überraschend gestorben ist. *(Legt sich flach aufs Bett)*
KALY: *(Schaut zum Fenster hinaus)*
Die Alte mit dem Hund schleicht durch die Straßen. Seine Beine sind in Bandagen eingewickelt, die vom stundenlangen Wackeln schwarz geworden sind. Alle dreißig Meter bleibt er stehen und wetzt seine

Zunge auf dem groben Zementboden.
Sie zieht ihn rücksichtslos mit sich weiter.
Beide schauen dumpf vor sich hin,
wer den nassen Flecken am Boden folgt,
weiß den Weg, den die beiden zurückgelegt haben.
Wenn sie durch alle Straßen des Quartiers
geschlichen sind,
ist der Tag vorüber.

Der Himmel ist grau.
Früher ging hier über den Dächern,
hinter den Wäscheleinen,
den Drahtzäunen, den Gerüsten und hinter
den hunderten von Schornsteinen,
die Sonne am Abend noch blutigrot unter.
Jetzt setzt wieder leichter Regen ein.
Der letzte richtig sonnige Tag war vor vielen Wochen.
Ich mußte das Haus, das Armenviertel verlassen.
Es trieb mich an den Fluß, in den Park, an den Brückenplatz.

Das Schmettern einer Militärkapelle lockte mich an. Als ich jedoch beim Rondell ankam, wo die Blasmusik aufgestellt war, hörte ich, daß am Ende des Brückenplatzes ebenfalls eine Kapelle spielen mußte, weil von dort Gesang und Gitarrenmusik herüberklang. Es zog mich dann in diese Gegend und ich sah bald, daß es Bibelbrüder waren, die sich im Halbkreis aufgestellt hatten und fromme Lieder sangen. Ich mischte mich unter die wenigen Zuschauer, die der Kapelle lauschten. Einer der Bibelbrüder wurde nun in die

Mitte des Halbkreises geschoben und er begann zaghaft, die Gitarre zwischen seinen Beinen haltend, zu erzählen: Es ist mein Erlebnis, daß es ein großes Glück bedeutet, mit Gott zu sein, drum folget uns nach, nach der Vorstellung findet im Hirschensaal ein Vortrag statt, kommt mit uns und auch ihr werdet das Glück finden. Undsoweiter. Danach wurde ein kleiner Dicker vorgedrängt, der sogleich zu wettern begann und die Fäuste in die Luft warf: Auch ich bin in den Bars herumgehangen und bin jede Nacht besoffen nach Hause gekommen, ich bin mit Menschenmassen zusammengewesen, doch das ist nichts, denn wenn ich nach Hause in mein Zimmer kam, war ich einsam, und dann habe ich Jesus gefunden, der für uns gestorben ist in Golgatha und ich bin nie mehr einsam gewesen und ich rufe euch zu, hört mit dem lasterhaften Leben auf, denn das ist nur scheinbares Glück, auch euch hört Jesus an, er läßt niemanden im Stich und ihr werdet nie mehr einsam sein. Undsoweiter. Wieder begannen sie zu singen. Doch an mich wandte sich eine Zuhörerin und begann mir ihr ganzes Leben zu erzählen. Sie sei in einem fremden Land bei den Großeltern auf dem Hof aufgewachsen. Ich wurde hin- und hergerissen, wußte nicht, wem ich zuhören sollte, denn nun bedrängten mich auch zwei Bibelbrüder, es sei für sie immer eine Freude, junge Leute unter den Zuhörern zu sehen. Undsoweiter. Die Frau erzählte wieder von ihrer schrecklichen Jugend: Nach der Heuschreckenplage geschah ein weiteres Unglück, der Großvater stürzte vom Traktor und brach sich das Genick. – Kommen Sie anschließend auch in den Hirschensaal den Vortrag anhören, fragten die Bibelbrüder. Ich wurde von den nun plötzlich aufbrechenden Menschen mitgerissen. Endlich gelang mir die Flucht durch eine Seitengasse. Später betrat ich das Kaufhaus. Ich ergriff zwei Schokoladen, schlug damit den Takt zur Musik, die von der Radioabteilung herüberdrang und durchquerte die Verkaufsfläche. Ich ergriff ein Transistorgerät, als ein Verkäufer mir sagte, ich müßte jeden Gegenstand dort bezahlen, wo ich ihn nehme. Ich habe noch nicht alles, erwiderte ich, Batterien scheint es hier keine zu geben. Wir führen alles, entgegnete der Chefverkäufer, vom Fahrradschlauch bis zum Radiergummi. Ich ging mit den Batterien an die Sammelkasse, bezahlte sie und klebte den Kassenzettel an das Transistorgerät. Unbehelligt erreichte ich den Ausgang. In den Straßen verzehrte ich die erste der beiden Schokoladen.

A.: *(Holt das dicke Buch, legt sich aufs Bett und blättert darin)*
Soll ich vorlesen?
KALY: *(Lehnt am Fenstersims)*
Piny soll aus dem Nofredamus-Kalender vorlesen.
PINY: *(Blättert im Nofredamus-Kalender)*
So schlecht es ihm auch ging, der König der Stadtstreicher, Tiby, hatte immer genug Geld für einen Kaffee und eine Zigarre zum Rauchen. Zu den Damen war er immer Kavalier. Er lüftete seinen Hut, entschuldigte sich mehrmals, wenn er die Asche an der

Handtasche einer Dame abgestreift hatte. Ich will Sie nicht anzünden, sagte er einmal.

Als ich ihn das letzte Mal sah, war er umringt von Menschen und erzählte von seinen Abenteuern: Da ist man also aus Algerien zurückgekehrt und hat selbstverständlich für jedermann etwas mitgebracht! erzählte er gerade in reinem Schriftdeutsch ... *(Bricht gedankenverloren ab)*

KALY: *(Schaut zum Fenster hinaus)*
Die alte Lehmann taucht auf.
Ihr Riese von einem Gatten stützt sich auf sie.
Sein Gesicht ist von Furunkeln übersät, die Augen tränen. Sie schleppen sich sicher zur Kirche, wo sie bei jeder Messe in der vordersten Bank beten.
Die ganze Kirchgemeinde muß den Anblick der beiden ertragen. Er hinkt immer noch.
*(Er angelt sich ein mittelgroßes Transistorgerät aus seinem Gepäck, stellt ein. Minutenlang erklingt eine Melodie. Klaus Schulze, Voices of syn, Brain 1051)*

PINY: Wie spät ist es.
Wann, hast du gesagt, wird die Herberge abgerissen?
KALY: Keine Ahnung.
Das kann noch lange dauern.
A.: Das Gepäck ist bereit, wir können jederzeit weiter. Vielleicht aufs Land.
PINY: Gehst du noch auf den Güterbahnhof?
A.: Nein, ich geh nicht mehr.
PINY: Du gehörst eigentlich nicht zu uns, warum gehst du nicht zurück in den vornehmen Teil der Stadt. Du bist jung.

A.: Ich kann diese Heuchelei nicht ertragen.
All das Elend, und was tun die Reichen? Sie schlafen.
KALY: Also, schlafen wir.
*(Alle drei liegen auf den rohen Matratzen)*

## Dritter Akt

*Plötzlich merkt man, daß am entferntesten Tisch auf der Bühne ein hohlwangiger, großer Clochard sitzt, der ruckartig einen unsichtbaren Schnaps nach dem andern in sich hineingießt. Dann steht er auf, schaut mit blitzenden Augen unheilverspruchend umher und hinkt dann zielstrebig hinaus.*

PINY: Der alte Alab geht an seine Arbeit,
am Flußufer unter den Kastanienbäumen betteln,
mit seinem Hinkebein um Mitleid heischend.
Zu seinen Lebzeiten hatte er die Füße in Lumpen gewickelt.
Zuletzt hatte er überhaupt nichts mehr besessen.
*(Pause)*
Ich habe Kühe besessen, die Behörden haben Stück für Stück von meinem Bauernhof genommen. Einmal mußte eine Straße gebaut werden, dann die Kanalisation. Ich wurde viel zu hoch eingeschätzt, wußte nicht mehr, wie die Kosten begleichen, mußte in die Stadt arbeiten gehen in der Nacht, am Morgen die Kühe melken, den Tag über den Hof versorgen, beim Mais kostete der Mühlelastwagen einen Monatslohn, sonst wäre der gar nicht gekommen, um die Ernte zu holen. Schließlich, als mir die Frau weggelaufen ist, habe ich überhaupt nichts mehr gemacht und das Kind in die Alpen zu den Großeltern geschickt. *(Erhebt sich)*
Singen wir eins?

KALY: Singen wir eins.

PINY: Mein Leiblied?
KALY: Dein Leiblied.
PINY: Der traurige Vagabund!
*(Stellt sich vor das Bett, beginnt einen Sprechgesang)*
Du gehst herum mit deinem Hut
stößt dich am Blick, der auf dir ruht
und denkst nur immerzu daran
was wohl geändert haben kann *(Bricht ab, sucht etwas im Mantel, setzt sich eine Pudelmütze auf)*
Ohne meine Pudelmütze kann ich nicht singen.
*(A. liegt im Bett, Kaly und Piny stellen sich in die Mitte des Zimmers, machen gewichtige Gesichter)*
KALY: Also singen wir.
*(Achtet auf den Einsatz)*
PINY: *(Sucht seine Okarina, bläst einige Töne, versorgt sie)*
Also, Der traurige Vagabund!
*(Sie singen, holperig, jeder Satz außer dem Refrain hat die genau gleiche Melodie)*
Du gehst herum mit deinem Hut
stößt dich am Blick, der auf dir ruht
und denkst nur immerzu daran
was wohl geändert haben kann
daß alles nur vorüberrennt
und dich niemand mehr erkennt
Da stehst du mit stumpfem Sinn
und reibest dich am schwarzen Kinn
In deinen Mantel eingehüllt
bestaunst du verwundert dieses Bild
denn so etwas hast du nie gesehn

*(Sie schauen sich verstehend an)*
Ich kann verstehn, ich kann verstehn! *(Gedehnt)*

*(Kaly achtet auf den Einsatz)*
Du ziehst durch diese graue Stadt
die dich als Kind verstoßen hat
du suchst in deinem Mantelschlitz
nach dem treuen Metall-Kibitz
und gibst allen Leuten kund
du seist ein trauriger Vagabund
dann suchst du dir jenes Gebiet
wo man den Außenseiter liebt
denn hier bist du nicht gern gesehn
*(Nicken mit den Köpfen)*
Ich kann verstehn, ich kann verstehn!
*(Sie legen sich wieder in die Betten)*

A.: Vielleicht sollten wir aufs Land gehen.
PINY: Das Land ist voller Menschen.
KALY: Es gibt jetzt sogar Organisationen für das Wochenende.
Verbringen Sie einen Tag auf dem Lande!
In großen Autocars fahren sie aufs Land.
Hinter einer Schranke führt ein Waldweg den Hügel hinauf.
Alle drei Minuten wird einer eingelassen.
In Abständen von hundert Metern steigen sie den Hügel hinauf.
*(Schweigen)*
A.: *(Zu Piny gewendet)*

Glaubst du, daß deine Frau noch lebt?
PINY: Nein, die ist schon längst tot.
Sie hat sich als Küchenmagd überarbeitet.
Von morgens fünf Uhr bis abends neun Uhr in der Großküche.
Sie ist sicherlich mitten auf der Straße an einem Herzschlag gestorben.
KALY: Und dein Sohn?
Lebt er noch?
PINY: Mein Sohn ist in den Alpen. Er hat es gut.
Es gibt dort keine Zivilisation, keine Schulen, nur grünes Gras, ja Gras. *(Alle drei schlafen)*

*(Stille. Völlige Dunkelheit. Nur das dicke Buch neben A.'s Bett ist in einem geheimnisvollen Lichtschein. Langsam steigt es, wie von Geisterhand gehoben in die Höhe und schwebt langsam quer durch den Raum. Gleichzeitig erklingen fremde Stimmen.)*
Wo schliefst du letzte Nacht, Piny?
In einem Bett, selbstverständlich!
Da ist man aus Algerien zurückgekehrt und hat natürlich jedem etwas Schönes mitgebracht.
Vom Fahrradschlauch zum Radiergummi, vom Fahrradschlauch zum Radiergummi. In Golgatha, in Golgatha, in Golgatha!
*(Die Stimmen werden lauter, gleichzeitig schwillt Klaus Schulze's Stück an. Die Stimmen reden durcheinander. Ein Stimmengewirr erfüllt den dunklen Raum.)*
Es ist mein Erlebnis. *(Mit Echo)*

Ein neues Unglück geschah.
Er ist in den Alpen.
Was! Was ist! Du Rammbock! Du grober Klotz!
Ja, die Klare, ist mir die Wahre. *(Gelächter)*
Kommt ihn nur holen, den Jackylein.
Sie schlafen, sie schlafen. *(Scharfe Stimme)*
Führen Sie meine Arbeit weiter.
Ich bin din und du bist min,
verloren ist das Schlüsselin.
Was! Was ist! Du Drecksau! *(Fäuste hämmern auf die Tische)*
Schubkarren-Charlie.
Brathähnchen.
Der traurige Vagabund. *(Gelächter)*
Schlafe mein Prinzchen, schlaf ein. *(Der Raum scheint von allen ehemaligen Herbergsbewohnern zum Bersten gefüllt zu sein.)*
Ja, die Klare, ist mir die Wahre.
Mitnichten, mitnichten, mitnichten, mitnichten, mitnichten.
Mit dem Stechbeitel, mit dem Stechbeitel!
Er hat sich gewehrt und um sich geschlagen, wie rasend, wie rasend
Immer wenn ich den Mund öffne, übertönt ihr meine Stimme mit eurem Geschwätz. *(Gelächter)*
Da ist man aus Algerien zurückgekehrt und hat jedem etwas Schönes mitgebracht.
Darf ich auch einmal etwas sagen?
Wie rasend, wie rasend!
Ja, die Klare ist mir die Wahre.

Was ist! Du willst mir Angst machen, mit dem Kopf unter dem Arm!
Ich ging im Walde für mich hin und nichts zu suchen, war mein Sinn. *(Gelächter. Fäuste hämmern auf die Tische)*
Immer wenn ich meine Stimme erhebe!
Was ist, was willst du! Was!
*(Musik und Fäustehämmern und Stimmen und Gelächter steigern sich zum ohrenbetäubenden Lärm. Plötzliche Stille. Krachend stürzt das schwebende Buch auf den Holzboden. Vorhang)*

# Die Epistel
Stück (1976)


Ein Fest an einem Sommerabend im Schloßhof


Musik
Jimi Hendrix, Peace in Mississippi, MS 2204
Rolling Stones, Get off of my cloud, London NPS-1
The Doors, Light my fire, ELK 62 013
Bob Marley, War, 27 236 XOT
Ten Years After, Working on the road, SML 1065
Lou Reed, Sister Ray, PRD-0022
Jethro Tull, For a thousand mothers, ILPS 9103
Santana, Hope you're feeling better, KC 30130
Der Zigeunerbaron

*Personen*

Fürst Ignaz Biswang
Pfarrer Hugo Dommann
Lehrer Benedikt Züchtig
Dichter August Federkiel
Ausrufer, Lakai, Tänzerin, Ratsherren, Diener, Volk

*Ort der Handlung*

Schloßhof, in der Mitte ein langer Holztisch, auf der Seite ein Podium, im Hintergrund Kutschen

*(Light my fire)*
*Der Lakai und der Diener tragen Käse, Früchte und Wein auf. Die Ratsherren führen den Fürsten herein und setzen sich auf die Tribüne. Der Fürst raucht aus einer langen, gewölbten Pfeife Opium. Sein Blick ist gegen die Decke gerichtet. Während des ganzen Festes ist er unbeteiligt und abwesend. Die Ratsherren sind dicke glatzköpfige Alte, die sich zur Musik hin und her bewegen, vor sich hin lächeln, sich beraten und miteinander tuscheln. Bei den Kutschen öffnen sich die Türen. Am Rande der Bühne erscheinen drei alte Bauern in Lumpen, die das Volk darstellen, wobei sich der eine auf einen Stock stützt und ein anderer sofort kraftlos zu Boden fällt. Sie verfolgen stumpf vom Rande aus das Spiel auf der Bühne. Der Ausrufer tritt mit Trommelwirbel und einer Papierrolle in die Mitte des Schloßhofes. Aus den Kutschen steigen die dicken Honoratioren des Dorfes und setzen sich an den gedeckten Tisch. Der Diener und der Lakai führen und bedienen sie.*

DER AUSRUFER: Der Aufsichtsrat der Zollbrücker Spinnereien!
Der Gastwirt des Brücken-Gasthofes!
Der Erzherzog, euer Tyrann, liegt in Ketten
Es lebe der von euch gewählte Vertreter:
Fürst Ignaz Biswang der Erste!
Zu Ehren seiner Wahl und als Zeichen des Endes
von Knechtschaft und Hungersnot
veranstaltet der Fürst dieses Volksfest

unter den Linden des Schloßhofes
Herzlich begrüßt werden das Volk
und seine Vertreter, die Gelegenheit haben,
vor der Tribüne
des Rates ihre Ratschläge und Klagen
persönlich vorzutragen.
Als erster wird der Dichter August Federkiel
in Audienz empfangen!

*Der Dichter wird vom Volk vorgeschoben. Er hält ein Buch sowie ein Tintenfaß mit Federkiel wie Waffen mit den beiden Händen vor sich hin. Vor der Tribüne beginnt er zaghaft, schließlich immer wütender mit seiner Klage.*

DER DICHTER: Das Volk von Zollbrück besteht aus Bauern, die Kartoffeln anpflanzen wollen, doch das Land wurde ihnen weggenommen und die arbeitsfähigen Männer in die Spinnereien geschickt. Mit dem kleinen Lohn müssen sie ihre Überkleidung selber kaufen und den Rest versteuern. Sogar die Kinder werden an die Maschinen getrieben, wo sie die großen Räder drehen müssen, bis sie vor Erschöpfung zusammenbrechen. Von Frieden kann keine Rede sein, man müßte andauernd Schreie ausstoßen, um das Schreckliche widerzugeben, das sich alle Augenblicke ereignet!

*(Peace in Mississippi)*

DER AUSRUFER: Als nächster kann der Lehrer Benedikt Züchtig seine Probleme vortragen!

*Der Lehrer wird vorgeschoben, er hält in den Händen einen Bambusstock und ein Schulbuch abwehrend vor sich hin.*

DER LEHRER: Das Schulhaus ist in schlechtem Zustand
ein geordneter Unterricht kann nicht stattfinden
Die Kinder werden in die Bänke getragen, wo sie
vor Erschöpfung sofort einschlafen
Wie soll ich sie erziehen,
wenn sie von der Regierung im Straßenbau eingesetzt
werden, weil diese so nützlich seien
Was braucht das Volk Straßen, wenn es Bildung und
Brot nicht hat

(Working on the road)


DIE RATSHERREN: Wo bleibt denn die Tänzerin?
*Scheinwerfer gehen an. In ihrem Licht tanzt eine nackte, mit Silbergeschmeide geschmückte Tänzerin zum Stück*
›Get off of my cloud‹.

DER AUSRUFER: Die Speisen und der Trank sind nicht zu Ende
Es wird neu aufgetragen
und insbesondere gebeten, am Tisch

tüchtig zuzugreifen
An der Tribüne wird der Pfarrer von Zollbrück,
Hochwürden Hugo Dommann empfangen
Am Schluß des Festes, nachdem der Rat seinen Be-
schluß
zu den vorgetragenen Klagen verkündet hat,
werden auch die Bauern und Arbeiter gerne angehört!
DER PFARRER: *(Hält in einer Hand ein Kreuz, in der anderen einen Kelch)*
Das Dach ist eingefallen, die Kirche ist eine Ruine
Das Glaubensvolk lacht über meine Predigten
sofern es überhaupt noch in die Messe kommt
was nützen ihm Bibelsprüche, wenn es nichts zu
essen hat und in Baracken bei den Spinnereien wohnt,
für welche es Miete im Schloß bezahlen muß?
In den Bänken weinen die Mütter
es sind die einzigen Kirchbesucher
sie weinen um die Söhne, die an den Grenzen
im Krieg fallen

*(For a thousand mothers)*

RATSHERREN: Das Volk möchte jeden Tag Gänsebraten
in der Kirche gepolsterte Kniebänke
DER AUSRUFER: Der Schnaps wird aufgetragen!
Das Fest erreicht seinen Höhepunkt!
Der Rat hält seine Beratungen ab!

*(Sister Ray)*

DIE RATSHERREN: Als Beweis für eine völlige Neulegung
der Regierungsform werden die getroffenen
Entscheide sofort in Kraft treten und
sogleich vorgetragen!
DER AUSRUFER: Ab sofort wird die Kinderarbeit in den
Spinnereien auf acht Stunden festgelegt
Die Überkleidung wird gratis abgegeben
Die Kirche erhält ein neues Dach
die Schule zusätzlich eine Hilfskraft
Der Dichter den Auftrag, ein Buch
über die Gemeinde von Zollbrück zu schreiben
Ich hoffe, der gute Wille ist gezeigt!

*(Hope you're feeling better)*

DIE RATSHERREN: Volk! Euer neuer Herrscher, der Fürst,
hat Großes mit euch vor
Ehre wird Zollbrück und unserem Land widerfahren
Die Straßen werden Welt zu uns bringen
In den Fabriken wird eine Mondrakete gebaut
An den Grenzen werden Kriege ausgefochten,
um unser Land zu vergrößern
Um unsere Ziele zu erreichen,
müssen die Steuerabgaben erhöht werden
Das Volk kann nun seine Wünsche anbringen!

*(War)*

*Die Bauern hinken und rutschen voran, da erklingt
ein Walzer. Die Esssenden rufen: Der letzte Walzer!*

*Das Volk wird von der Bühne gedrängt, die Tische werden weggeschoben, Paare drehen sich und füllen den Schloßhof. Der Zigeunerbaron erklingt.*

*Das Fest nähert sich dem Ende. Es wird abgetragen. Die Teilnehmer gehen nach Hause, besteigen die Kutschen. Der Kreis ist geschlossen.*

*(Light my fire)*

# Hört ihr die Drescher
Gedichte

# Landfahrer
1970–1975

# Spaziergang

Löwenzahn-Samenfäden fliegen parallel zum Boden
über die Maiwiese
kleben in meinen Haaren und meinem Jäckchen
Bei jeder Wegbiegung werfen sich mir neue Gesichter
entgegen
Sehe ich nur das Städtchen, glaube ich im vorigen Jahrhundert zu leben
Im Winter scheint das Leben unaushaltbar
Man ist krank, braucht Geld für Essen, Medizin und
Heizung
Jetzt bin ich reich, kann sogar Schuhe kaufen
Aus einer völlig vergessenen Quelle habe ich plötzlich
Geld erhalten
Ich betrete das Schuhgeschäft und finde mich in meiner
Kindheit wieder
Seither habe ich diesen Geruch nach Leder nicht mehr
wahrgenommen
Ich benehme mich falsch, weiß nicht das Wort für Sommerschuhe
Frage ganz unnötig: Haben Sie die richtige Schuhgröße
gebracht?

Löwenzahn-Samenfäden schweben zwischen Warenhaus
und Jünglingsheim
Geschirr-Geklapper dringt aus dem Essaal
Bei meinem Eintreten verstummen die Gespräche

Unbeabsichtigt mache ich ein ernstes Gesicht
Ich bestelle Suppe und erwarte betrogen zu werden
Dreimal rechne ich das Wechselgeld nach
Ich war doch so beschwingt zuvor

# Der Wandersmann


An diesem sonnigen Morgen fahre ich die leere Straße
hinunter
ohne mit den Händen die Lenkstange zu berühren
Lerchen erheben sich aus den Feldern in die Lüfte
Hier leben noch Waldtiere und Raubvögel
Ich lege mich ins Gras
und versuche mit den Grillen zu singen

Dann steige ich in meine Wanderschuhe
Packe das Felleisen und klemme die Räder darunter
Mit dem Wanderstock ziehe ich das Wägelchen
Jetzt sehe ich weder Gesetz noch Ordnung
Die Jahrmarktsbuden sind willkürlich aufgestellt

Ich schreite mitten durch die Schießbuden
Die Schützen legen auf mich an
Sie schütteln den Kopf und fragen:
Wohin willst denn du?
Ich lache und sage:
Auf Wanderschaft

# Landfahrer

Im Januar war ich im Bergdorf Rauris
Im Februar an der Innerschweizer Fasnacht
Im März sah ich einen Sämann über den Acker gehen
Im April fiel der Regen wochenlang

Im Mai unternahm ich die erste lange Wanderung
Im Juni aß ich Kirschen und Erdbeeren
Im Juli ging ich schwimmen im See
Im August saß ich am Abend unter einem Lindenbaum

Im September aß ich Zwetschgenkuchen
Im Oktober trank ich Apfelmost
Im November kamen Nebel und Stürme
Im Dezember wollte ich sterben

# Okie[*]

An einem Maimorgen brach ich auf

Vom Kapuzinerkloster schlug es fünf
und Straßburg war mein Ziel

Im Freiamt fiel der Regen
Ein Fährmann bracht' mich über den Rhein
Vor einer Mühle saß ich in Mühlacker
Ich fand nicht Straßburg, ich fand die Zeit

Die Freiheit hatt' ich geschmeckt,
doch was nützt das Denken,
wenn andere lenken
Wozu vorwärts greifen,
wenn Vögel tröstend pfeifen
Wind weht in den Wiesen,
es rüttelt und schüttelt mich,
ich reise zwischen Güterwaggons,
unbequem im Fahrtwind

---

[*] Eisenbahn-Vagabund

# Herbst

Kein Wurm
bewacht
den Turm
bei Nacht

Kein Licht,
nur Angst,
der Tag kommt nicht,
du bangst

Die Tage
sind kalt,
deine Klage
alt

Schwach der Henker
und die Dämonen
gegen dich Denker,
frei willst du wohnen

In dieser Trance
wird es wieder licht,
du hast eine weitere Chance
und du verdienst sie nicht

# Hobo*

Sie nennen uns
die Vogelfreien,
treppauf, treppab
lassen wir uns treiben

Integriert, doch unangepaßt
in den Massen der Museumsbesucher,
»Ist das ein Osmane,
ist es ein Montenegriner?«

Renn macht auf Fakir,
Imfeld schluckt Rasierklingen,
ich meditiere über meine Fahrten:
»Seht da ein Wandersmann!«

* Vagabund

# Weißland

Der Wanderer liegt in tiefem Schacht
ruhend im Schein der Vollmondnacht
bereitet ist sein hartes Bett
neben Kadaver und Tierskelett

Er stolpert vorwärts, verlassen von allen Sinnen
Schakale und Wölfe folgen hinter den Dünen
Der Sturm wirbelt wie Schnee den Sand
und die Sonne hat die Gedanken ihm verbrannt

## Das Ende der Welt

In der Näh von Nirgendwo
hat gebaut aus Fels und Sand
einst die Oede Adaano
des Teufels eigene Hand
Zwischen Salz und Kieselschutt
steigt empor der Hölle Glut

Verdorrtes Giftgepflanz
zwischen dampfend Schrot
bildet einen Totenkranz
im grellen Abendrot
Die Wüste wird blitzend erhellt
hier ist das Ende der Welt

# Landesgrenzen

Wie ein Chamäleon
veränder ich mich
paß mich der Umgebung an
werde zum Spanier in Spanien
paß mich sogar der Sprachtonart an
»Aber Sie sind doch kein Italiener?«
fragt man nach langer Prüfung
»Was sind Sie? Sind Sie Vertreter?«
weil nur solche im Januar
Grenzen passieren

# Umfeld
1970 – 1978

# Die Heiligen

Ihr, die ihr uns in diese Welt gesetzt habt,
in der man lügt und heuchelt,
wollt uns Moral predigen
und uns zu guten Menschen machen

Ihr wollt Lehrmeister sein,
und uns genügen die Ferien nicht,
um die Brandwunden zu heilen,
die ihr uns mit euren Feuerzangen beigebracht habt

Ihr wollt uns erziehen,
mit der Schlauheit der Henker
nach eurem Willen formen,
unsere Unschuld schamlos ausnützen

Mit euren verkümmerten Mörderhirnen
sperrt ihr uns in eure Zuchthäuser
und merkt nicht, daß wir Heilige waren
ehe wir von euch beschmutzt wurden

# Umfeld

Ihr habt uns einen Weg gezeigt
wir wollten nicht so verachtenswert werden
wir haben uns nicht um euch geschert
da begannt ihr uns zu quälen
das System war verteufelt durchdacht
wir wurden mit Samthandschuhen gewürgt
wir mußten das Denken für euch übernehmen
um nicht schwachsinnig zu werden
von eurem tierischen Dreinschlagen
ihr hacktet in uns wie in junge Bäume
wir mußten uns selber wieder *gräden*
da kamt ihr und sagtet: unsere Erziehung
mit dem Militär wolltet ihr uns vollends zerbrechen
da half uns das Rauschgift

*Heroin be the death of me, it's my life and it's my wife
and I thank God, that I just don't care! (Lou Reed)*

# Eulachstadt

Zwischen »Albani«
»Africana« und »Untertor«
ist ihre Welt,
rasen Rocker
»Towndevils«, »Blackbirds«
auf Motorrädern
in den Tod
der einzigen Straße
um aus Winterthur
hinauszukommen

# Jimi Hendrix

Er begann in Paris, wo Jim Morrison begraben liegt
mit *Hey Joe, Stone free, Purple Haze, The wind cries
Mary*
Er träumte von einer Musikerkarriere in New York
doch in Zürich wurde ihm sein Feuerzeug gestohlen
Auf der Bühne gab er mehr her
als er zwischen den Auftritten tanken konnte
durch den Ruhm verlor er den Lebenssinn
die Freundin konnte nicht helfen in Deutschland
Liebe nützt nichts, wenn der Lebenssinn fehlt
ein Tramp kann eine Million nicht brauchen

*Steinfrei, am Straßenrand, die Gitarre am Rücken, du denkst er sei ein Tramp, doch bei genauerem Hinsehen merkst du, er ist ein Kind der Autobahn. (Jimi Hendrix)*

# Der Krieg der Schwarzen Krähen

»Was man dir in Georgien schenkt,
nimmt man dir in Armenien wieder ab!«
Krähenindianer, Schoschonen,
Cochise, Häuptling der Apatschen
Geronimo, sein Widersacher
Kampf um den Heiligen Berg, »Black Hills«
ist unser Kampf um heilige Räume
Die einstmalige Sehnsucht
frei zu leben wie die Indianer
ohne Chemie, Technik, Polizei, Politiker
wurde verdrängt, abgewürgt
der Hunger nach Leben
wird mit Elektronikrechnern gesättigt
Wo das Indianer-Territorium entstehen sollte
stauen sich Automobile, wachsen Betonsilos

*Die Black Hills sind mein Land, und wer es mir nehmen
will, wird dieses Gewehr hören. (Sioux-Lied)*

# Christus bei den Soldaten

Christus: Menschen liebet einander
Offizier: Den Namen will ich wissen
Christus: Jesus Christus
Offizier: Christus, Jesus, heißt das
Christus: Mein Reich ist nicht von dieser Welt
Offizier: Keine Frechheiten
Christus: Wer ohne Schuld ist, der hebe diesen Stein
Offizier: 10 Tage scharfen Arrest

# Vorsorge

Die Buden stehen im Sonnenlicht
Lebkuchenherzen hängen aus
das Fest beginnt

Ein junger Mann wurde von der Polizei geohrfeigt
eine junge Frau von einem Militäroffizier vergewaltigt
Lieber Sohn, liebe Tochter
es heißt, Vorsorge treffen

# Der Weg in die Fabrik

*My mother was of the sky*
*my father was of the earth*
*but I am of the universe*
*the eagle picks my eyes*
*the worm he licks my bone*
*I feel so suicidal*
*I am lonely, wanna die*
    *(John Lennon)*

Weiden weisen den Weg in die Fabrik
mein Blut färbte das Kammgarn rot
(once there was a way to get back home)

Noch zwanzig Jahre werde ich diesen Weg gehen
die Sonne wird in meinem Hirn gleißen
(sweet little darling do not cry and I will sing a lullaby)

Beginnt jetzt der Tod oder ist das mein Leben
ich taste, suche Mensch zu werden, wie als Säugling
(Golden slumber fill your eyes, you gonna carry that
       weight a long time)

# Trost

Den Holzschälern
und Besenbindern

Den Schuhputzern
und Pfannenflickern

Denen, die gegen den Fluß schwimmen
und vor der eigenen Tür zuerst kehren
rufe ich zu und versichere:

Daß das Tor weit offen steht
und im Himmel immer ein Platz frei sein wird

# Regeln

Verstöße sind *Sperren ohne Ball*
und *Gegen den Gegner gestrecktes Bein*
oder *Im Strafraum stehen*

Der Eckball kann ohne weiteres auch zu einem in der
                                                            Nähe
stehenden Mann erfolgen
Der Torwart kann den Ball selber schießen, von einem
Spieler schießen lassen oder von Hand werfen

Bei grober Anrempelung zeigt der Unparteiische eine
                                                gelbe Karte
worauf alle Spieler die Köpfe senken
Rollt der Ball über die Torlinie
müssen sich Zehntausende von den Sitzen erheben

# Boccia*

Wein, Brissagos, Gelächter
Um die Kugel so nahe als möglich an den »Pallino«
zu bringen *(»fare il punto«)*
kann man sie über das Sandfeld rollen lassen
oder durch die Luft werfen

»*Al volo*« ruft der erste
»*Preso*« sagt der Schiedsrichter
Um die Distanz der Kugel zum Kügelchen auszumessen
nimmt der Schiedsrichter
ein besonderes Meßgerät hervor

»Du mußt alles spüren, alles riechen
Das Spiel, die Bahn, den Gegner
Du mußt ihn ins Verderben locken,
ihm Fallen stellen, einen Punkt verlieren,
um zwei zu gewinnen.«

* Kugel-Spiel

# Kung Fu

Ein Kung Fu-Mann muß genau wissen
mit wieviel Kraft
er welche Stelle treffen muß
und was er damit bewirkt
Ein Akupunkteur, der gleichzeitig Kung Fu beherrscht
ist fast unbesiegbar
Er trifft den Gegner nur mit der Fingerspitze
aber an der richtigen Stelle
und mit der richtigen Geschwindigkeit
Für die chinesischen Mönche war Kung Fu
ein Mittel zur Selbstüberwindung
Neben Kraft und Schnelligkeit
besaßen sie Geduld und Bescheidenheit
So lautet das erste Gebot der Shaolin:
Kämpfer, wenn du angegriffen wirst, laufe weg!

# Bei den Seilziehern

Die Mannschaft besteht aus einem Dachdecker
einem Lastwagen-Mechaniker
dem Förster Josef Hurschler
Waldarbeiter Karl Joss
Zimmermann Bernhard Koller
und Xaver Schleiss, Lastwagenfahrer

Die richtige Körperhaltung
und präzise Beinarbeit zeigen den Meister
Seilzieher müssen nicht Schwerarbeiter sein
Kraft und Härte sind nur ein Teil des Ganzen
Wer nichts im Kopf hat wird nie ein guter Seilzieher
Gewisse Intelligenz und feines Gefühl
sind Voraussetzungen für den Mannschaftssport

Jeder muß wissen wann und wie
die Kraft der ganzen Mannschaft
optimal eingesetzt werden kann
Der Schwerste ist prädestiniert
für die Position des Ankermannes
Als letzter in der Reihe
schlingt er sich das Tau um den Körper
und stemmt sich mit seinem Gewicht in den Kampf
Wenn nur einer schlecht in Form ist
ist die ganze Mannschaft nichts wert

# Die Trainsoldaten


In der Bergwelt von Rickenbach
erblickt man die Trainsoldaten
Mit ihren Pferden steigen sie den Hang hinauf
Die Pferde mit dicken Holzspälten beladen
Sie haben einen weiten Weg hinter sich
Von Wolfenschießen kamen sie zum Klosterdorf
Trainsoldaten sind rauhe Typen
sie fluchen kernig, die Ausbildung war hart
Eine Kaserneninschrift lautet:
Zuerst das Pferd, dann der Mann, zuletzt der Offizier
Die Tagesarbeit besteht aus Transporten und Fuhren
in schwierigem Gelände
Der *Freiberger* stammt aus dem Jura
Merkmale des *Eidgenossen* sind:
Ruhe, Gängigkeit, Genügsamkeit, Robustheit
Ein Trainzug erreichte sogar das Gotthard-Hospiz
Vermehrte Arbeit hatten die Pferdeschmiede von Hos-
                                            pental
Die Trainsoldaten stoßen in harten Gebirgsmärschen vor
Sie fühlen sich mit ihren Pferden verwachsen

# Arbeit an der Talbahn

Die Bahn fährt ab in Emmenbrücke
Im Schneckentempo fährt sie bis Emmen
Es verkehren drei Güterloks und acht Gepäcktrieb-
wagen
Der Lokführer muß streckenkundig sein
Beinwil ist der Knotenpunkt der Talbahnlinie
Dort übernachten die letzten Züge
Sechs Mann sind im Rangierdienst eingeteilt
Die Züge von Lenzburg kreuzen hier
Wenn auch der Zug aus Beromünster eintrifft
sind alle Geleise besetzt
Sämtliche Güterzüge werden hier formiert
Ein Bahnarbeiter muß fünfzig Meter zu Fuß
die Barriere schließen in Menziken
Nur einen Steinwurf entfernt liegt Reinach
Zigarrenmacherinnen fahren bis Birrwil
Die Kistenfabrik in Boniswil ist auf die Talbahn ange-
wiesen
Brugg mit dem Unterwerk ist die Endstation

# Brückenangst
1975 – 1980

# Tagine*

*Wir kommen und gehen mit dem Wind*
                          *(Spruch der Nomaden)*

Im Jahre 622 machte sich der Prophet
zu Fuß auf die fünfzig Meilen lange
und beschwerliche Reise von Mekka
in die uralte Bergstadt Taif
Dort wollte Mohammed den wilden Stämmen
der Gegend die Botschaft des Islam predigen
Doch die Bewohner Taifs steinigten ihn
und trieben ihn in die Wüste

---

* Berbergericht

# Ein geschlossener Marschtrupp

Sie sahen mich verwundert an
der ich stehenblieb
und lächelten kopfschüttelnd

Sie zogen forsch in die Wüste hinaus
und ich fragte mich, wie lange noch
und welches ist ihr Ziel

Man darf nicht stehen bleiben,
nie zurückgehen, sagten sie
die vorwärts marschierten

# Die Antwort der Ethnologen

Unglaubliches ereignete sich in Tiale
dem letzten Dorf in den Bergen
Tartaren mit langen Zöpfen, Pfeilen und Lanzen
kamen von den Bergen
fielen über die Bewohner her
massakrierten die Hälfte

Die Botschaft löste in der Hauptstadt
Entsetzen und Ratlosigkeit aus
Die Wissenschaftler gingen daran
den Bericht dazu auszuarbeiten
Nun stehen die Bewohner von Tiale da
mit der schriftlichen Antwort und dem Trost
seit hundert Jahren seien die Tartaren ausgestorben

# Der Clown im Jenseits

Lächelnd schaut sein bemaltes Gesicht
zwischen rostigen Dosen und Motorenöl
durch den Wasserspiegel des Tümpels
mit traurigen Augen ins Diesseits

# Salzmann

Der Schoßhund wird im Schloß
zum Schloßhund
durch das adelige Blut
zum Bluthund
durch die Kette
zum Kettenhund
Er reißt sich los
und bringt alle in Gefahr
Bei Gleitgefahr
streu Stroh
Salzmann
Salz, Sand und Asche

## Plötzlich Oel

Ich ahnte
und mahnte
Ich benannte
bis ich mich abwandte

Jahrmarktbuden, Littfaßsäulen sind existent
Detonationen brennen Löcher in Pergament
Im Faß bin ich
den Fanatikern ausgeliefert

Was ist
wenn plötzlich Oel ausläuft
oder Seifenlauge?

## Loch Ness

Der Mann, der in den Bahnhöfen
mit schwarzem Stock Papier aufspießt
hört nicht die Ketten rasseln
sieht nicht die Ratten rascheln
spürt nicht die Zyklopen
die auf Wiedererweckung warten
wie sich Banden beraten
unter den Mauern des Docks
in den Marschen des Hochlandes
in unerforschten Gebieten:
Männer messen und warten
schauen und bauen
sitzend geschützt
im ölschwarzen Buschversteck

# Von Tal zu Tal

Warum stellt man
das Leben nicht
als Sensenmann dar
als knöchernen, schreckverbreitenden
da es nur Elend bringt
Und den Tod
als sanften Engel
als tröstenden, friedensverheißenden
da er nichts bringt
als süße Erlösung

Ein langer Weg ist das Leben
einmal steil, einmal eben
von den Hängen fließt das Lebenswasser
drückt uns zu Boden in engem Tal
(das ist die Depression)
Wer hilft uns wieder hoch?

# Krisen

Krise Krise Krise
Pubertätskrise
Herzneurose
Der Haß macht Schlaflosigkeit zum Ventil

Krise Krise Krise
Ich will nicht dreißig werden
will nicht Bürger sein
mit Auto, Television, Telefon

Krise Krise Krise
Krise in der Mitte des Lebens
muß ich sie erleben
oder wird der Tod mich davor bewahren?

# Generalprobe

Plötzliche Übelkeit
treibt mich hinaus
Ich greife ans Herz
schlage hart auf
Dunkelheit umfaßt mich
endlich Stille
Auf diesen Augenblick
habe ich unbewußt
ein Leben lang gewartet

Doch was ist das
eine unbekannte Kraft
stellt mich auf die Beine
ich bin noch nicht bereit
und dies war lediglich
eine Einübung in den Tod

## Immer noch am Leben

Bin immer noch am Leben
nach fünf Selbstmordversuchen
nach fünf tödlichen Krankheiten
und dreißig Lebensjahren
die wie Steine auf der Seele liegen
bin ich immer noch am Leben
und die Sehnsucht verstärkt sich
hineinzuwandern ins Abendrot
hinter den Bergen
durch das Tor zu gehen
ins Paradies

# Brückenangst

Mit sieben Jahren
fühlte ich meine Unfreiheit körperlich
ein Eisenband um meinen Hals
an einer Kette
verbunden mit den Eltern

Mit siebzehn Jahren
wäre das wichtigste
die Freiheit gewesen
in der Nacht litt ich an Schlaflosigkeit
die ersten Falten gruben sich in die Stirn

Mit siebenundzwanzig Jahren
bekam ich die
ersten grauen Haare
noch immer fühlte ich
die Angst, den Freiheitswunsch
körperlich

## Liebe und Tod

Ich bin hier
doch wo bist du
Jede Nacht liege ich wach
und sehne mich nach dir
Liebe hat mit gleichen Interessen zu tun
wann kommen wir endlich zusammen
Bis es soweit ist übe ich mich im Spiel
*Liegen auf der Totenbahre*

# Heureuter

Wie tief bin ich gesunken
zum Fuhrmann mit dem Maulesel
und ich war doch einmal
Kultur-Redaktor
Jetzt führe ich meine Schriften spazieren
werde von stolzbeladenen Fuhrkarren überholt
die ins entfernte Schwarzenbach rollen
verwittert und staubbedeckt
Dorthin werde ich auch noch kommen
nach Schwarzenbach
der Hölle im Heureuter-Tal

# Hört ihr die Drescher

Meine Flucht führte mich
über mehrere Pässe nach Südwesten
zur zweitgrößten Stadt des Landes
Der beherrschende Eindruck der Landschaft war Oede
dürftige Steppen, einzelne Gehöfte
immerzu den hämmernden Ruf der Drescher in den
Ohren:
*Drey – lahm – Hüng – drey – lahm – Hüng!\**
mit dem sie sich zu größerer Leistung anspornten

Je mehr ich mich der alles abriegelnden Alpenkette
näherte,
desto unwirtlicher wurde das Hochplateau
ich erreichte die letzte Paßhöhe
Die Straße wand sich in spitzen Kehren
in die Talschlucht hinunter
Die Grenzstadt lag jenseits des Passes

---

\* Drei lahme Hunde

# Aufsätze

# Ablaß

Als ich in Peking weilte, hielten sich dort viele Deutsche auf, die sich verloren fühlten und sich mir deshalb aufdrängten. Ich selber las gemütlich ein Buch und gab mich als Einheimischer aus, um mich mit ihnen nicht abgeben zu müssen. Sie umkreisten mich fortwährend, die Mutigsten wagten sich vor und fragten: Stimmt es, daß du Chinese bist? Ich durfte mir nichts anmerken lassen, denn wenn ich geantwortet hätte: Ja, ich bin ein Chinese, so hätte ich dadurch verraten, daß ich verstanden hatte und genau das beabsichtigten sie. Ich hielt mein Buch beinahe zugeklappt, denn die Deutschen versuchten von allen Seiten herauszufinden, was ich las. Schließlich trat ich auf die Straße hinaus, um den Fluß zu suchen. Alte Chinesinnen, die mit Besen die Straße kehrten, warnten mich, ich könnte überfallen werden oder mich jämmerlich verirren. Alte Frauen versteht man überall auf der Welt. So sah ich mich immer wieder um und prägte mir die Straßenzüge ein. Da ich nicht chinesisch sprach, konnte ich niemanden nach dem Weg zum Fluß fragen.

So kam es, daß ich noch heute den Fluß suche. Jahrelang habe ich kein Wort gesprochen. Das Schweigen ist zu meinem Lebensinhalt geworden. Ich las jedoch immer Bücher und sehe die Autoren als meine Freunde. Unvermeidlich bei dieser Lebensart ist, daß sich in mir über die Jahre hinweg ein großes Mitteilungsbedürfnis staute. Um nicht krank zu werden, begann ich so, ich war einundzwanzigjährig, Erzählungen zu schreiben, als Antwort an meine Freunde.

(1977)

# Der Dichter

Er versuchte nicht, sich bei den Mineuren anzubiedern. Er war selber einer, stieg mit in den Stollen, allerdings nicht um Hand an Hammer und Meißel zu legen, dazu war er von der Natur nicht ausgestattet worden, sondern um über das Leben der Mineure zu schreiben. Mit dieser Handlung brachte er zugleich seine Überzeugung zum Ausdruck, daß er jeden Menschen verachtete, der von der Existenz der Mineure wußte und trotzdem nicht mit ihnen war.

Getreu dem Gedanken, daß es Pflicht eines jeden Menschen sei, nach Kräften Gutes zu tun, wollte er mit seinem Werk eine Schatzkiste schaffen, aus welcher jeder, gleich welchen Alters, ein Leben lang Schönes holen konnte. Die Menschen gut zu unterhalten, das schien ihm wahrlich wohlgetan. Ehrlichkeit und absolute Wahrhaftigkeit waren ihm bei der Ausübung seines Handwerkes die höchsten Gebote. Er war nicht durch ein Schlüsselerlebnis Dichter geworden, sondern durch die Geburt; sein Schlüsselerlebnis hatte ihm aber seine Studien von frühester Kindheit an ermöglicht.

Zwei Stunden pro Tag würden genügen, sagten die Leute, daneben könnte er etwas Nützliches tun. Sie wußten nicht, daß er nur im Bewußtsein völliger Freiheit dichten konnte, daß er mit dem Gedanken an sein Freisein einschlafen und auch erwachen mußte, um die notwendige Entspannung und den Einklang mit der Natur zu erlangen. Wenn er am Nachmittag zwei Stunden lang, gestochen scharfe Wörter zu Papier brachte, so hatte er in Wirklichkeit bereits zweiundzwanzig Stunden Arbeit hinter sich.

Er ist ein ewiger Hungerleider, sagten die Leute, doch er zog es vor, ein hungernder Dichter als ein satter Direktor zu sein. Schade, daß er nicht über die Liebe schreibt. Diese Toren! Auch wenn er über Irrenhäuser schrieb, so schrieb er in Wirklichkeit nie etwas anderes als über die Liebe.

Da das Zusammenleben mit den Menschen nur ständiges Verwundetwerden bedeutete, zog er es vor, in die Einsamkeit zu ziehen. Jetzt ist er weg, sagten die Leute und wußten nicht, daß sie ihn nie unter sich gehabt hatten. Außerdem existierte er in seinen Büchern und war immer unter ihnen. Als Mensch trat er zurück, das war seine Natur. Er besaß jene Fähigkeit, die den Menschen die unmöglichste ist, still in seiner Kammer zu sitzen. Von dort sah er in die abgelegensten Hinterhöfe, denn er besaß auch übersinnliche Fähigkeiten. Oberflächlichkeit war für ihn ein Fremdwort. Jede Seite wühlte sein Innerstes auf, er drang in die größte Seelentiefe vor und konnte in der Nacht nicht schlafen. Nach Beendigung eines Werkes war er regelmäßig monatelang krank.

Er, der Straßendichter hätte in den obersten Stellen Einfluß nehmen sollen, wurde jedoch von den Präsidenten nur ausgelacht. Sie verschafften ihm ein Ansehen, das irgendwo zwischen Landstreicher und Verbrecher lag. Sie glaubten, sie hätten am meisten Gewicht im

Land und wußten nicht, daß sie am ersten Tag nach Beendigung der Amtszeit vergessen sein würden. Unser Dichter jedoch wird selbst nach seinem Tod, bei den Menschen noch hundert Jahre weiterleben.

(1978)

# Dichterlesung

Vor meinen Augen öffnet sich der Lesesaal wie der Chor im Innern einer Kirche und die Zuhörer sitzen rund um den Altar gruppiert. Wie gerne möchte ich stehen bleiben, mich zuhinterst anstellen wie früher, als ich noch sonntags Messen besuchte. Keine zehn Pferde bringen mich nach vorn ins Scheinwerferlicht, denke ich und spüre entsetzt, wie sich der Boden unter meinen Füßen zu bewegen beginnt. Mit allen Fasern des Körpers halte ich mich fest, setze keinen Fuß vor den andern und werde doch, unaufhaltsam, zur Bühne hin gezogen; das ist das anerzogene Pflichtbewußtsein. Bei den vordersten Zuhörerbänken angekommen, beuge ich mich zu den Köpfen hinunter und flüstere: Ist Herr Amacher hier? Wo ist der Veranstalter? Ausgerechnet er ist nicht gekommen und dabei sollte er doch den zu lesenden Text bringen.

Schon fünf Minuten, so scheint mir, sitze ich unbeweglich am Lesepult und blättere unschlüssig in den unveröffentlichten Werken. Die Zuschauer und Kritiker scheinen eingenickt zu sein; es ist ihnen egal, ob und was ich lese, wie ich, kommen sie lediglich ihrer Pflicht nach. Mikrofone werden installiert, ein Tonbandgerät rauscht, Kameras rollen heran – wenigstens das Fernsehen ist da, so besteht die Möglichkeit, daß mindestens ein Mensch unter den Zuschauern ist, der versteht. Im Regieraum sitzt Herr Pinkjewitz mit dem Gesicht einer

Kröte. Der Aufnahmeleiter hantiert am Mischpult und wird ungeduldig: Der Autor soll bitte mit der Lesung beginnen! Mir stockt der Atem. Weiterhin lege ich ein Blatt nach dem anderen zur Seite; dieses alte Zeug kann ich wirklich nicht vorlesen. Plötzlich nenne ich deutlich einen Titel: *Auf der Suche nach Fatimas Händchen.* In jener Zeit trafen wir uns regelmäßig auf den Flohmärkten von Amsterdam, Paris und Antwerpen, um nach ... nein, das gibts ja nicht, diesen Text kann ich beim besten Willen nicht mehr lesen. Ich breche ab, die Kritiker und Journalisten merken gar nicht, daß ich die Erzählung nicht beendet habe. Einige schlafen, andere schauen auf die Uhr. Erneut setze ich an: *Erforschung des Unwirklichen* – Lauter! rufts von hinten. *Erforschung des Unwirklichen!* Links vorn wird sehr laut geflüstert und anschließend gelacht, Stühle werden verrutscht, jemand kommt oder muß weg, ich breche ab. Blättere erneut im großen Stoß Papiere. Gibt es keinen Text, der mich faszinieren könnte? Zu meinem Schrekken folgen nun auch noch Blätter mit Zeichnungen, weil ich in jüngster Zeit begonnen habe, das zu Sagende in Bildern festzuhalten, weil meine Gedanken nicht mehr beschreibbar sind. Eine lähmende Müdigkeit ergreift mich, ich falle in einen tiefen Schlaf.

Endlich habe ich wieder die Mauern des Korridors zu meinen Seiten und schreite hinaus. Bretter sind an die Wand gelehnt. Wie oft ging ich durch solche Korridore, vor mir der Vorgesetzte, der mir die Arbeit zuteilen und erklären mußte. Vor dem Gebäude beladen Arbeiter in Überkleidung einen Lastwagen mit großen

Korbflaschen. Eine Sekunde glaube ich, mitanfassen zu müssen. Nein, da gehöre ich nun nicht mehr hin, doch wo soll ich je eine neue Heimat finden.

(1979)

# Lesereise

Hinter jenem Waldgürtel beginnt das Schächental! sagte mein Begleiter Scheiflinger. Obwohl er aus der Region stamme, in der Bezirksstadt studiere, könne er es nicht wagen im Schächental ein Wirtshaus zu betreten. Auch wenn er beteuern würde, daß er ein Hiesiger wäre, aus Schattdorf komme, die Wirtshausgäste würden sich erheben und ihn mit Fäusten aus der Gaststube drängen. Nur ein Baumkranz trenne das Tal von der Ebene, doch die Sprache der dort unter den unmenschlichsten Bedingungen lebenden Bewohner, sei nicht zu verstehen.

Er steuerte durch eine Landschaft, in welcher sich bucklige Hügel unterhalb der Berge langzogen. Eine Tafel erhob sich am Straßenrand. Willkommen im Klosterdorf Maienau! stand in Groteskschrift zu lesen. Wir fuhren auf den von Linden gesäumten Dorfplatz und suchten das Gymnasium. Beim Dorfende befand sich der mächtige klösterliche Bau. Wir klopften an die Tür zum Direktorszimmer und ein geschniegelter, braungebrannter Schulleiter mit schicker Frisur öffnete und bat Platz zu nehmen. An der rechten Wand hingen Aquarelle, simple Landschaftsstudien, zweifellos vom süffisant lächelnden Herrn gemalt. Aus dem kurzen Gespräch erkannte ich augenblicklich, daß er von Kunst keine Ahnung hatte und die Lesung nur organisiert hatte, um als fortschrittlicher und engagierter Schuldirektor zu erscheinen und von der Schulkommission in Schattdorf für die kommende Periode wieder in sein Amt eingesetzt zu werden. Eine Lehrerin klopfte an, doch der Schulleiter verzog keine Miene und reagierte nicht, um den hierarchischen Abstand zu gewährleisten. Erst als eine gewisse Zeit verstrichen war, bat er herein und ließ sich berichten, daß die zweihundert Stühle bereitgestellt und die Schüler zur Lesung Platz genommen hätten. Seit dreizehn Jahren hatte ich kein Schulzimmer mehr betreten, aber das seinerzeit ausgestandene Entsetzen war mit einem Schlag wieder da. Dieselben jungen schmächtigen Lehrer, die als Kinder verdroschen und heulend zur Mutter gelaufen waren, schritten als Ordnungskräfte das Auditorium ab.

Starr am ganzen Körper las ich vierzig Minuten lang, ohne vom Gelesenen das geringste zu realisieren.

Glühende Augen richteten sich zum Lesepult, ich las die ungestellten Fragen in stummen Gesichtern, sah in soziale Verhältnisse, wußte von verschütteten Talenten und spürte ohnmächtig deren bevorstehendes Schicksal. Als ich mich erhob, explodierten die gestauten Emotionen in einem ohrenbetäubenden Klatschen, Schreien und auf den Boden trampeln. Ich hörte daraus einen einzigen Hilferuf, sie, diese zertrampelten Menschenkinder aus der Schulhölle zu erretten. Ich schlich weg, Direktor und Lehrer wollten zu einem gemeinsamen Mittagessen einladen, ich konnte kein Wort hervorbringen, überließ das Ausreden Scheiflinger, verließ angeekelt das Schulgebäude. Die verkrampften Nerven zogen sich wie glühende Drähte über meinen Körper, den Bauch hoch brannte der Solarplexus. Fassungslos berichtete Scheiflinger von einem Mädchen, welchem ein Bleistift zu Boden gefallen war und welches bis zum Schluß der Lesung nicht gewagt hätte, ihn wieder hochzuheben. In den hinteren Reihen hätten die Kinder immerzu zu den wachhabenden Lehrern hinübergeschielt.

Wir fuhren in einen Bergwald hinein und betraten ein Försterhaus. Die Wirtin wollte uns nicht bedienen, änderte aber ihr abweisendes Verhalten, nachdem wir Kuchen und gleich zwei Gläser mit heißem Kaffee und Träsch bestellt hatten.

Auf der Straße nach Loben erkundigten wir uns nach der dortigen Hochschule. Zusätzlich fragte Scheiflinger auch noch einen Briefträger nach dem Weg, weil sich die Leute dort einen Spaß daraus machten, Bewohner von Schattdorf mit unrichtigen Angaben in falsche Richtungen zu schicken. In der Stadtmitte breitete sich die Hochschule als gesichtsloser Betonkomplex aus. Von Gebäude zu Gebäude schritten wir auf der Suche nach dem Professor, welcher die Lesung organisiert hatte. Als sogar der Schuldirektor keine Auskunft geben konnte, sah Scheiflinger eine günstige Gelegenheit, sich zu verdrücken und dadurch den Studenten und ihren dummen mit Fremdwörtern gespickten Fragen zu entgehen.

Die Rückfahrt nach Schattdorf dauerte zwei Stunden. Im Zimmer des dortigen Parkhotels konnte ich ausruhen und mich für die am kommenden Morgen stattfindende, wichtigste Lesung stärken.

(1980)

# Robert Walser
## Zum 100. Geburtstag von Robert Walser

Ja, die Einsamkeit ist eine schlimme Sache. Er ist ohne Beschäftigung; schon zum dritten Mal erblicke ich ihn auf der Bank sitzend. Wie er das Haar nach hinten kämmt, und die Form und Stärke des Schnurrbartes. Eine solche graue Kleidung und solche Schuhe trägt kein Mensch mehr. Die *Parisienne* klopft er auf dem Daumennagel, bevor er sie anzündet. Einmal sah ich ihn im plötzlich aufgekommenen Winter über die verkehrsreiche Straße schreiten, die Automobile ignorierend. Immer sitzt er allein im Wirtshaus und betrachtet eingehend seinen vom Zigarettentabak braungefärbten Daumennagel. Rund um ihn können die Stammtisch-Kunden sitzen, lachen, rufen und auf die Tischplatte schlagen, er schaut leer vor sich hin. Wenn ihm jemand auf die Schulter klopft, lächelt er leicht.

Ich machte es mir neben dem Telefon bequem, um mit Robert Walser gemütlich plaudern zu können. Ich saß auf einem Schemel und lauschte genüßlich seinen druckreifen Ausführungen. Es war ein sonniger Tag, alles auf Nichtstun und Stillstand eingestellt. Plötzlich sagte er, als ob er lediglich im Berichten fortfahre: Stell dir vor, in diesem Augenblick öffnete sich die Korridortür und im Rahmen steht ein fremder Mensch von riesenhafter Größe. Er ist von brutalem Äußeren, vielleicht ein entwichener Irrer, keinesfalls ein Einbrecher. Ein Gewaltverbrecher, er verzieht sein Gesicht zur

Fratze, nähert sich mir langsam. Er wirkt wie ein Monster, jetzt hebt er die riesigen Hände, es sind wahre Schaufeln ... Atemlos hatte ich diese Rede verfolgt, wobei sich mir der wachsende Schrecken im Gesicht abzeichnete. Ohnmächtig mußte ich mir das gräßliche Grrrr! des Verrückten anhören. Ich wußte, Robert Walser hatte keine Chance, in diesem fürchterlichen Zweikampf zu siegen. Die längste Zeit hörte ich die Geräusche des Handgemenges, das Grrrr! der Bestie und dann die Stimme Robert Walsers: Ach ist das schrecklich, ach ich Ärmster, ich Armer. Er sagte es nicht klagend, ohne zu wimmern, einfach feststellend. Kreideweiß und ohnmächtig saß ich am Hörer. Zwischen mir und Robert Walser lagen Kilometer. Ich fürchtete, diese Brutalität würde die Grenze des Ertragbaren sprengen. Ich telefonierte der Polizei, gab an, ein Irrer sei ins Heim eingedrungen, bestieg dann das Fahrrad und fuhr hin. Ich wußte, daß ich keine Schuld am Tode Robert Walsers trug und doch war mir klar, daß auch ich mich schuldig gemacht hatte. Wir alle, die Gesellschaft, die schweigende Masse, die Regierung und Literaten hatten Robert Walser brutal ermordet.

In Herisau saß ich im Gasthof »Rebstock« und aß ein mit Brät gefülltes *Appenzeller Kotelett*, den Blick über den Marktflecken werfend.

Obwohl ich nie die Angewohnheit hatte, die Jacke über den angewinkelten Arm gelegt zu tragen, machte ich das jetzt, einer geheimen Macht gehorchend. Aufmerksam verfolgte ich das Treiben auf den Plätzen.

Kinder schauten mir nach, wie sie wohl jahrelang Robert Walser interessiert geprüft hatten. Ich war der einzige Bürger, der regelmäßig durch die Straßen wanderte. Schon bald gehörte ich zum Dorfbild. Die Bürger arbeiteten, tratschten auf den Dorfplätzen, rasteten um fünfzehn Uhr in den unzähligen Wirtshäusern. Für Robert Walser wurde ein Brunnen gebaut, ein Museumsraum eingerichtet. Sein Grab auf dem Friedhof lag zwischen zwei Frauen, das hätte ihm gefallen. Abends saß ich in meiner Kammer und schrieb auf Papierblätter, die ich irgendwo zusammensuchte. Kein Zweifel, ich hatte Robert Walsers Platz eingenommen und mußte sein Werk weiterführen.

(1978)

# Die Schiltenstock-Wanderung
Zum 70. Geburtstag von Max Frisch

Das erste Wegstück hatten sie mit Hospental hinter sich gebracht. Dort oben werden wir eine prächtige Rundsicht haben, sagte Gantenbein. Der magere Notar mit der Ledermappe war schon im Aufstieg nach Gurtnellen begriffen. Sie gingen mit einem Abstand von zehn Metern und mußten deshalb laut rufen und tief schnaufen. Du warst doch mit Erna zusammen, oben auf dem Pizol? sagte Faden. – Peinlich, peinlich wars, lieber Faden. Damals in Rom ist mir das Mißgeschick passiert. Ich stieg kurz vor zweiundzwanzig Uhr die Treppe zu jenem bekannten Café hinauf, wo Tanz stattfindet. Ich dachte, die Café-Musik und die Tanzenden würden mich ablenken. Ich habe nicht gewußt, daß dies der Ort ist, wo meine ehemaligen Freundinnen verkehren. Kaum hatte ich die letzte Treppenstufe hinter mir, als ich es schon flüstern hörte: Das ist doch der Gantenbein, sieht man den auch wieder einmal. Am liebsten wäre ich in den Boden versunken, statt dessen mußte ich mich an einen leeren Ecktisch setzen. Ich tat, als hätte ich sie nicht gesehen. Nicht lange dauerte es und sie setzten sich zu mir. Trotz der späten Stunde bekamen wir noch eine Pastasciutta.

Ich zog nach Zürich und traf Erna überraschend am Zeltweg.

Sie hatten noch eine halbe Stunde bis zur Bergspitze. Faden bekam fast keine Luft mehr. Es war August, viel zu heiß für eine Wanderung. Vor uns wird sich der blaue Urnersee ausbreiten, die Ränder werden im Dunst verschwinden, versprach Gantenbein. Er zog ein Döschen mit Essiggurken aus der Jackentasche. Der Notar knabberte eine Essiggurke, Gantenbein schälte ein Ei. Endlich hatten sie den Aussichtspunkt auf dem Schiltenstock erreicht. Wie staunten sie jedoch, als sie nur wenige Meter unterhalb der Bergspitze ein Hafenzollgebäude und dahinter das blaue Meer erblickten. In der Mulde waren viele Menschen unterwegs, die das schöne Wetter genossen. Der Schiltenstock war also gar nicht hoch, überhaupt kein eigentlicher Berg. Gantenbein erkannte Freunde aus Coney Island. Sie traten in das Hafenzollgebäude ein und ein Zöllner begann sie zu verfolgen. Sie rannten in das Bäderhaus und stellten sich in je eine Duschkabine. Als der Zöllner durch den Korridor gehastet kam, zogen sie den Duschvorhang vor.

(1980)

# Höhenwanderer im Schattental
Über den Zürcher Dichter R. P. Arlati

Die Talwände schieben sich auseinander und geben den Blick auf eine Fläche frei, die *Glattebene* genannt wird. Abgeerntete Getreidefelder dehnen sich zur Rechten und zur Linken. Es verwundert nicht, daß hier ein Flughafen angelegt ist. Vor einem Streifenwagen stehen drei Polizisten und achten darauf, daß keiner der Fluggäste über die Piste flüchten kann. Auf der Flugtafel ist hinter dem Namen HAMBURG, das Wort *annulliert* zu lesen. In den Lüften muß das Flugzeug sinnlose Kreise ziehen, kann nicht landen, weil der Flug annulliert worden ist. Ein unterdrückter Menschenschlag scheint hier zu leben, sogar die Gebäude sind kompakt, gedrungen. Ein zweistöckiger Omnibus fährt in die Stadtmitte *Hardturm.* Auf dem oberen Deck kann man mit ausgestreckten Beinen genußvoll hinausschauen. »Nichts Unangenehmes kann geschehen auf deiner Reise nach Rom ... Müßte sich nicht jedermann abkehren, wenn er sieht wie du schon liest auf deiner Reise nach Rom?« Eine kleine Fabrik, die Armeewaffen herstellt, erhebt sich neben der Straße. Ein mehrstöckiges Gebäude, ein grober Betonklotz mit hundert käfigartigen Büros, ragt in die Höhe – die Fernsehanstalt. Durch die engen Straßenschluchten hasten geduckte, zugeknöpfte Bürger. Im Stadtpark suchen zwei Rentnerinnen in den Papierkörben nach Pfandflaschen, die sie verstohlen unter den Mantel stecken. Ein asthmatisches Röcheln ist zu hören, ein kranker fetter Hund kommt um die Ecke gehumpelt. Eine Frau sitzt auf einer Steintreppe und hustet Blut auf ein Taschentuch auf ihren Knieen. Ein stolzer Hotelbau erhebt sich, in welchem gerne zu Wohlhabenheit gekommene Künstler absteigen. Die Besitzerin ist eine Industrie, die Kriegsmaterial nach Afrika liefert. Der Stadtfluß teilt das vornehme Wohnquartier vom Industrieviertel. »Wer liebt ihn nicht diesen Fluß, der L. heißt, in dieser Stadt, die mir so fremd ist.« Im Hotel an der *Hafnerstraße* stieg jeweils der *Don Kosaken-Chor* ab, wenn er in der Stadthalle sang. Nach dem Ausfüllen eines einzigen Anmelde-Formulars war das Hotel besetzt. Der Höhepunkt des Industriequartiers stellt die Bierhalle »Mühlental« dar. Arbeiter erkennt man daran, daß sie nach dem Essen in der Bierhalle allen Ernstes sagen, es habe wunderbar geschmeckt. Daß es eine *feine Küche* gibt, wissen sie gar nicht. Aber kaum einer ißt, hier wird der Feierabend mit Bier eingeleitet. Mancheiner geht danach nicht mehr nach Hause, viele sind bereits betrunken. Zwei dicke Kellnerinnen weigern sich, einigen randalierenden Biertrinkern noch etwas zu bringen. Vor lauter Lärm und Rauch hört und sieht man kaum etwas. Einer legt bereits seinen Kopf neben seinen Bierkrug. Ich glaube eine Sekunde am Nebentisch Arlati zu sehen, gleichsam die zwanzig Jahre mitzufühlen, die er schon hier sitzt, nicht als Beobachter, als Teil dazugehörend. Doch der Dichter Arlati ist von Anfang an neben mir, zerbrechlich, unaufdringlich. Er sagt wiederholt: »Wenn es Sie nicht aufhält, ich will Sie nicht langweilen: Immer in der Annahme, daß es Sie interessiert. Zeitweise ist in meiner Klasse eine solche Spannung, daß ich große Vögel in den Bänken sitzen sehe, die in einemfort mit ihren Flügeln Wind machen. Die Lehrerkollegen wundern sich nicht mehr, sie wissen, daß aus meinem Klassenzimmer Dutzende Papierflieger in den Hof hinausschweben, wenn der erste Schnee fällt«. Neben der *Gasstraße* beginnt die Bahnhofsanlage. Ein Professor mit Baskenmütze und Schirm steht interessiert neben dem Zugführer. Plötzlich wendet er sich ab, durchsucht verbissen einen Abfallkorb. Man sagt, er habe jahrzehntelang eine Forschung betrieben, die Papiere seien aus Versehen von der Putzfrau in den Abfallkorb geworfen worden. Der Professor verbringt jeden Abend zwei Stunden auf den Bahnsteigen, er läßt keinen Papierkorb undurchsucht. Zwei Jugendliche gehen von Passant zu Passant und erbetteln ein Zweifrankenstück. Diese mühselige Arbeit ist sicherlich der Auslieferung mit Haut und Haar an einen Arbeitgeber vorzuziehen. »Gut, daß Sie Ihren Kopf mitgebracht haben. Wir werden einen Sockel mit einer Schraube aufstellen und am Stumpf des Kopfes eine Öffnung mit Windungen anbringen, die mit den Windungen der Schraube des Sockels übereinstimmt.« Es folgt die *Gasometerstraße,* über hohe Brücken fahren Züge nach *Rafz.* Der ROTE PFEIL ist so schnell, daß man ihn nicht erkennen kann, man zweifelt, daß es ihn überhaupt gibt. Zehn Jahre genügen nicht, um herauszufinden, ob die Stadt eine Seele hat. Sie ist klinisch sauber, jedes Leben wird im Keim erstickt. Wo sich Leute zu einem Fest, einem

Konzert, treffen, fährt sofort die Polizei ein. Als zweihundert obdachlose Jugendliche gezählt wurden, riß man die Unterkünfte ab, schloß öffentliche Gebäude, hängte Tafeln in die Wartesäle, um dem Unfug ein Ende zu machen. Endlich jemand, sagt Arlati an der *Konradstraße*, der wie ich ziellos im Quartier herumspazieren will. Ja, das ist *Wipkingen*, sagt er, als wolle ich das nicht glauben. Zehntausende sind unterwegs, niemand überlegt sich, daß, wo Hochbahnen, Schnellstraßen, Brücken mit Pfeilern zu sehen sind, einst ein Dorf im Grünen lag. Magritte stellte einst konsterniert fest, daß eine Kundin eine *schöne Niere* vom Metzger verlangte. Hoch oben befindet sich das Kirchgemeindehaus, mit Sälen, wo Mädchen Ballett üben, wo Arlati Bilder ausstellt, die an Max Gubler erinnern: Das Klavier, Bücher, Bahndamm, Bierhalle. Seine Geschichten, introvertiert-intuitiv entstanden, haben mehr vom Hyperrealisten Magritte. Ja, sagt Arlati, es ist nicht gut anders möglich, der Dichter ist verflucht ein Außenseiterdasein zu leben, ob in *Höngg* oder *Azmoos*. Er lebte in der VILLA PAZIFIK in der *Platte* oben, zusammen mit den bekanntesten Künstlern, einem Filmer, der nach ihm sein erstes Werk benannte. Vor 15 Jahren las Arlati in den Korridoren der Villa vor 20 Leuten. Erwin Jaeckle veröffentlichte Gedichte in der literarischen TAT-Freitagsausgabe. Wenn ich ein Zimmer betrat, sagt Arlati genüßlich, und das Radio andrehte, veränderte sich der Raum, als würde eine schöne Frau ihn betreten – darüber schrieb ich die Geschichte »Das Buch X«. Die Hänge steigen beidseitig zu den Wäldern hinauf, wir erreichen *Höngg*. In Arlatis Zimmer stapeln sich ein Dutzend abgegriffene Ordner, mit sechzig, siebzig Geschichten, dem Roman »Der Vormund« in verschiedenen Ausführungen. Es ist ja immer wieder dasselbe, sagt Arlati und schiebt die Baskenmütze über den runden Tisch. Er sucht mißmutig in den Geschichten, legt eine nach der andern unwillig zur Seite, empfiehlt schließlich »Elios Papiere«, »Mühsames Erinnern«, »Kellers Aggressionen«. Ich bin uninteressiert, verspreche sie mitzunehmen, büschele schnell von ihm weggelegte Geschichten und stecke sie mit in den Umschlag. Sobald ich zurück in *Azmoos* bin, werde ich sie sorgfältig lesen. *Gaswerk Schlieren*, von Max Gubler gemalt, ist die nächste Station der Wanderung und bildet zugleich den Rand der Großstadt.

(1980)

# Erzählungen

# Der Wolfsmann

Sein Name war Alfred Schacht. Seit seiner Kindheit wurde er gejagt. Nirgends war er vor seinen Jägern sicher. Seine Tage waren vollständig mit Flucht ausgefüllt. Einmal entdeckte er am Rande des Lagerhaus-Viertels ein halbverfallenes, leerstehendes Haus. Im Dachgeschoß richtete er sich wohnlich ein. Drei Tage lebte er still dahin und schöpfte neue Kräfte. Am Morgen des vierten Tages hörte er Stimmen von der Gasse heraufklingen. Als er durch einen Spalt der Fensterläden hinuntersah, erblickte er seine Verfolger, die sich daran machten, das Haus zu umzingeln. Anscheinend begannen sie systematischer vorzugehen. Zu lange schon lebte Alfred Schacht auf freiem Fuß. Dabei bestand sein einziges Verbrechen darin, daß er ein Heimkind war, und immer überall fortgelaufen war. Und auch heute konnte er entwischen. Er flüchtete zum Dachfenster hinaus und kletterte über die Dächer. Als er in einiger Entfernung wieder durch die Gassen rannte, stellte er fest, daß die alten Mauern links und rechts seinen Weg bestimmten und ihn zwangsläufig zum Rathausplatz lenkten. Die Verfolger durchkämmten alle Gassen und näherten sich ebenfalls dem Platz. Vor sich erblickte Alfred Schacht die *Hohe Mauer*, welche sich über die ganze Länge des Platzes erstreckte. Erschrocken wandte er sich um und sah die Verfolger in lockerer Linie auf sich zukommen. Er war in die Falle gegangen, die sie ihm gestellt hatten. Es gab nur die Möglichkeit, die Mauer zu erklimmen.

Dieses Kunststück gelang ihm nur dank seiner großen Behendigkeit und Gewandtheit. Keiner der Verfolger vermochte, diese Leistung nachzuvollziehen. Stolz auf seine Leistung flüchtete er durch die alten Gärten über der Stadt bis in die Vorstadt. Dort wollte er in den Schrebergärten untertauchen. Er suchte sich ein verlassenes Hüttchen als Versteck aus.

Als er anderntags durch die Gärten schritt und von den Beeren aß, gewahrte er eine langgezogene Reihe von Gestalten vom Wald her kommen. Er sah, daß jetzt seine Verfolger sogar Schäferhunde mit sich führten, offenbar wollten sie aufs Ganze gehen. Sie weiteten ständig den Abstand zwischen einander, sodaß sich die Reihe dermaßen über die Ebene zog, daß Alfred Schacht das Ende nicht erkennen konnte. Als er gegen die Zäune zustrebte, ließen die Jäger die Hunde los. Glücklicherweise gab es Hecken und Bäche, welche den Hunden ein Hindernis waren. Außer Atem erreichte er einen Straßenarbeiterkasten, der nur halb mit Sand gefüllt war und ihm als Versteck diente.

Die Zeit der Flucht näherte sich dem Ende. Nun, da die Jäger zum Äußersten bereit waren, war an ein weiteres Bleiben in der Stadt nicht mehr zu denken. An der Plakatwand zeigte ein buntes Papier das Schwing- und Älplerfest an. Den Rat auf dem Plakat, dieses Fest in recht großen Scharen besuchen zu gehen, nahm er sich zu Herzen. Er brauchte einen Tag, um den Festplatz zu erreichen, wo er in den großen Menschenmassen untertauchte. Die Wiese war von Tausenden von Menschen übersät und aus Dutzenden von Lautsprechern drang

Musik. Er achtete darauf, immer mitten in der Menge unterwegs zu sein, weil an den Rändern sicher Polizisten die Runde machten. Am dritten Tag des Festes befand sich Alfred Schacht am Rand der Ansammlung, als die Musik plötzlich unterbrochen wurde und eine Stimme über die Lautsprecher mitteilte, daß sich der immer noch flüchtige Alfred Schacht unter ihnen befinde und sich doch einmal jeder in seiner Umgebung umsehen möge. Sofort machte sich Alfred Schacht daran, das Wiesenbord zu erklimmen und in den sicheren Wald einzutauchen. Auf allen Vieren kraxelte er empor und rutschte immer wieder in die Tiefe, in jene Richtung, in welcher er die Festbesucher wußte. Diese erhoben jedoch glücklicherweise ihre Blicke nicht zum Wiesenhang. Im Wald befand er sich in Sicherheit. Gemütlich schritt er in die Tiefe der Waldesmitte hinein. Als es dunkelte, legte er sich auf eine Mossbank zum Schlafen nieder.

Am dritten Tag erreichte er einen Bach in einer Lichtung, wo er zu bleiben beabsichtigte. Er baute sich aus Steinquadern ein Haus und machte den Boden so gut es ging urbar. Eberwurz, Nuß und Beeren stillten vorerst seinen Hunger. Ein Wasserfall, der von einem Felsen herunterstürzte, bildete einen See, in welchem Forellen schwammen. Am Rand baute er einen Kessel aus Steinen und ließ eine schmale Öffnung, durch welche bald die Fische eindrangen und gefangen waren. Doch das Leben im Wald wollte gelernt sein, das Herstellen von Mörtel, das Feuermachen, das Absichern gegen wilde Tiere. Nach und nach lernte er alle Möglichkeiten kennen, sich das Leben im Wald zu erleichtern.

Als der erste Winter vorüber war, stellte er im Wasserspiegel fest, daß seine Arme schwarz behaart waren. Vom Schaufeln im Dreck hatten sich seine Fingernägel zu Krallen verändert. Von der Kälte, dem starren Boden und dem Vorwärtsbewegen auf allen Vieren hatten sich die Hände zu Pranken geformt. Einen Hügel, der den Wald überragte, jede Vollmondnacht zu erklettern, gehörte zu seiner liebsten Abwechslung. Er besah sich dort oben nicht nur die Rundsicht, sondern begann sogar, meist aus tiefsitzender Wut, anhaltend laut, einem Wolfe gleich zu heulen. Im Walde waren in solchen Nächten alle Tiere unterwegs und es wurde ihm dabei bewußt, wie fern er ihrem Wesen noch immer war. Dann rannte er auf allen Vieren zurück in die Lichtung und rollte sich in seinen Bau.

Im zweiten Winter fühlte er keine Kälte mehr, sein Körper hatte sich mit dichter Behaarung der Witterung angepaßt. Bereits konnte er stundenlang sein Geheul ertönen lassen, ohne zu ermüden. Fisch und Has aß er nicht mehr gebraten, sondern schlang sie gleich roh hinunter. Sein Gesicht spiegelte sich im Weiher und er erschrak, bereits hatten sich auch die Wangen behaart. Zunehmend näherte er sich mit seinen Lebensgewohnheiten denen der Wölfe, allein seine Erinnerung an die Stadt und an die Menschen bildete einen flammenden Graben in der Seele. In der vergangenen Vollmondnacht hatte er aus Verzweiflung bis in die Morgendämmerung hinein vom Hügel den Mond angeheult. Doch seine Gedanken waren ständig bei der Ursache seines unmenschlichen Schicksals. Erlösung versprach er sich nur dadurch, daß er diese Ursache für immer auslöschte.

Unruhig schlich er durch die Bäume und Büsche und entfernte sich ungewollt mehr und mehr von seiner Lichtung. Während seiner Wanderung wuchs ihm ein wohliger Pelz. Als der erste Schnee fiel, hatte er Mühe, seine Nahrung aus dem Boden zu graben. Er suchte Silberdisteln, schnüffelte an Baumwurzeln herum und näherte sich dem Rand des Waldes. Er folgte dem Bachlauf, der regelmäßig von Felsstürzen unterbrochen wurde. Einmal rutschte er im Sand aus, stürzte eine senkrecht verlaufende Felswand hinunter und blieb zwischen kahlen Bäumen wie tot im Geröll liegen. Nach einigen Tagen kam er wieder zu sich, er leckte sich das Blut von der Wunde und erhob sich. Seine Reise war verzögert, doch nichts konnte ihn von der Ausführung seines Planes abbringen.

Als Ende Winter das Tauwetter einsetzte, huschte er in den Nächten bereits in den Schatten der Vorstadthäuser herum. Es war eine stille Wohngegend, das Haus des Polizeidirektors lag einsam, zwei Stockwerke hoch, zwischen hohen Linden. In einer Nacht konnte dieser keinen Schlaf finden. Alle paar Minuten wälzte er sich auf dem Bett, er hatte Durst, schwitzte und wurde von Unwohlsein geplagt. Er atmete schwer, lag auf dem Rücken und lauschte in die Stille hinein. Er zuckte heftig zusammen, als er ein Kratzen an der schweren Schlafzimmertür vernahm. Erneut erklang das Kratzen und er mußte seinen ganzen Mut zusammennehmen, um den Arm aus dem Bett und nach dem Nachtkästchen ausstrecken zu können. Leise zog er die Schublade auf und griff hinein. Es war nicht zu vermeiden, er mußte aufstehen, zur Tür gehen und den Eindringling verscheuchen. Herzklopfend tastete er durch die Dunkelheit, riß die Tür auf, und fühlte sogleich etwas Pelziges, das ihm auf die Füße fiel. Das Tier hatte den Halt verloren und war mitten in die Kammer gefallen. Es lag mit blutigem Schädel auf dem Boden, ließ ein Knurren hören und richtete sich hoch auf zur vollständigen Größe eines ausgewachsenen Mannes. Ein Strahl des Vollmondes traf seine fletschende Schnauze, wortähnliche Laute erklangen aus dem Innern des Monsters, es stieß einen ohnmächtigen Schrei aus und stürzte sich auf den dikken Beamten. Glücklicherweise hatte der Direktor seine Dienstwaffe auf die Brust des Wolfsmannes gerichtet und schoß nun die ganze Trommel leer. Haßerfüllte Augen starrten ihn an, die Hinterbeine gaben noch nicht nach, fletschende Zähne näherten sich seinem Hals, daß der Direktor schreckerstarrt am Türrahmen nach Halt suchte. Der Wolfsmann verfehlte eine Stufe, kam ins Taumeln, fiel rückwärts auf den Treppenboden hinaus, hielt sich irgendwo fest und rollte, das Geländer mit sich reißend, einen ohrenbetäubenden Schrei ausstoßend, beide Stockwerke hinunter. Das wahnsinnige Geheul weckte alle Menschen in den umliegenden Häusern, sie kamen durch die Straßen gerannt und stürzten ins Wohnhaus hinein.

Es brauchte Wochen und Monate bis der eklige Geruch und das Blut des Wolfs aus dem Haus zur Gänze verschwunden waren.

(1976)

# Keiler

Das Auftreten einiger weniger Wildschweine läßt oft Mutige, die nicht wissen, daß nur die Vorhut sichtbar ist, im geschützten Wald jedoch ein großes Rudel im Verborgenen liegt, auf den durchwühlten Äckern die Herausforderung annehmen und sich selber in tödliche Gefahr begeben. Der Einbruch männlicher Wildschweine, im zwischen dem obertoggenburgischen Wildhaus und Alt St. Johann gelegenen Oberdorf, in das sogenannte Totenhaus, einem ehemaligen Mädchenpensionat, erfolgte am ersten Septemberabend vergangenen Jahres. Der Professor, welcher das rote Ziegelsteingebäude bewohnte, hielt sich im dritten Stockwerk auf, als er Klirren, Gepolter und sogleich das Bersten der Eingangstür vernahm, worauf er sofort die Treppe hinunterrannte. Sie waren zu fünft, voran Wachtmeister Stutz, gefolgt von Jucker seiner rechten Hand und, wie sich später herausstellte, den Beamten Schalcher, Kehlhofer und Kradolfer. Mitkommen! sagte der Anführer barsch, schob den Professor vor sich her, die Beamten entzündeten Taschenlampen und drangen so durch die Korridore. Sie müßten alles durchsuchen! sagte Stutz, der keinen Durchsuchungsbefehl besaß, sondern privat handelte und seine Kollegen mit der Erwähnung von Beförderung und der Versicherung, daß er den Kasten werde hochfliegen lassen, zum Mitkommen überredet hatte. Niemand kannte den Professor, welcher aus dem

Ausland gekommen war, um das leerstehende Gebäude, wie es hieß, für seine finsteren Forschungen auf dem Gebiete der Parapsychologie zu verwenden, der Hausmeister war von jenem Tag an verschwunden. Man munkelte, daß das Totenhaus Wohnung für verstorbene Seelen biete, daß sich in jedem Raum ein Geist aufhalte, doch Stutz hatte jeweils nur höhnisch gelacht. Willig schloß nun der Professor die Räume auf, nachdem die Polizisten auf die Frage, wer die Fenster und die Tür ersetze, zu johlen begonnen hatten. Die Männer leuchteten die Wände der ehemaligen Schulzimmer ab und wunderten sich, wieso keine Einrichtungsgegenstände zu sehen waren, drängten aber den Professor auf die Erklärung, daß die Seelen der Verstorbenen schließlich keine Tische und Stühle, sondern lediglich Ruhe wünschten, grölend weiter durch die Korridore. Bei jeder Tür leuchteten sie an das Schloß, nötigten den Professor, aufzusperren, schoben ihn beiseite und drangen in den Raum.

Nachdem jedoch auch weiterhin alle Räume absolut nichts aufwiesen, wurde Stutz langsam unsicher und fragte sich, was er eigentlich zu finden gehofft hatte, stieß jedoch seine Untergebenen weiter, die ihren Vorgesetzten immer fragender anzuschauen begannen. Als schließlich dreißig Zimmer durchsucht, nichts gefunden war und die Turmglocke unendlich langsam zwölfmal schlug, wollten die Beamten nicht mehr weitergehen, so unheimlich erschien ihnen der Ziegelbau mit einemmal. Sie blieben unentschlossen stehen, fragten sich, was sie eigentlich in der Nacht hier zu suchen hatten, warum sie nicht bei ihren Ehefrauen im Bett lagen und waren durch ihren Vorgesetzten Stutz absolut nicht zum Weitergehen zu bewegen. Doch da war der Professor aufmunternd vorausgegangen, hatte die nächste Tür aufgeschlossen, sie weit geöffnet und gerufen: Was ist denn los? Wollten Sie nicht alle Räume durchsuchen? Wortlos kamen die Männer angeschlichen, guckten zaghaft ins Innere und vermeinten in ihrer Verfassung bereits das Schwirren von Flügeln oder das Flüstern der Toten zu hören. Sie machten sich gegenseitig Mut, erschraken, wenn sie im Dunkeln irgendwo anstießen und wagten zunehmend, gar nicht mehr in die Räume einzutreten, aus Angst, eine schreckliche Entdeckung zu machen. Flüchtig nur leuchteten sie den Raum ab, schauten gar nicht richtig hin, um sich nicht plötzlich einer halbverwesten Leiche oder irgendetwas Ähnlichem gegenüberzusehen. Als sie den dritten und bewohnten Stock erreicht hatten und dort den Schein eines Lichtes aus einem Raum dringen sahen, verließ sie ihr Mut endgültig. Die Beine wollten ihnen nicht mehr gehorchen, sie hatten die Nerven verloren, wie Enten setzten sie einen Fuß vor den anderen, um überhaupt noch vorwärts zu kommen. Vorsichtig betrat Stutz den Wohnraum und fühlte sogleich die Gegenwart eines Menschen, der sich hinter dem offenen Kamin aufhalten mußte, und dem er bis jetzt noch den Rücken zukehrte. Erschrocken fuhr er herum und schaute in ein hageres Gesicht, welches nur von einer Leiche stammen konnte. Der Mann war nur Haut und Knochen, eine einzige brennende Kerze beleuchtete sein Gesicht in der dunklen Kaminnische, als er die Lippen bewegte und schnarrend: Ich bin der Hausmeister, sagte. Warum sehen Sie aus wie ein Toter? fragte Stutz beinahe stimmlos, so erschrocken war er. Was wollen Sie, sagte da der Professor, ein Neunzigjähriger hat schließlich das Recht, wie ein Toter auszusehen. Kreideweiß verließ Stutz den Raum, drängte, die Sache bald zu Ende zu bringen, und ging voraus den Dachboden hinauf. Seit Jahren hatte niemand den Dachboden betreten, alles war unverändert, an einer Tür hing noch eine Tafel mit der Aufschrift BÜGELZIMMER. Stutz merkte, daß er auch hier nichts fand um den Scharlatan, wie er den Professor nannte, zu überführen und verlangte nun, die Kellerräume inspizieren zu dürfen. Dort untersuchten sie den Heizungsraum, leuchteten den Tank und die Röhren ab, gingen in die umliegenden Räume und fanden sich schließlich in der Waschküche. Danach entdeckten sie eine halbverborgene Tür, kletterten über Kisten und fanden zu ihrer Überraschung einen unterirdischen Gang. Der unterirdische Korridor führte sie immer weiter fort, längst mußten sie das Gebäude verlassen und unter der Straße durch sein. Schließlich erreichten sie einen Raum, in welchem parallel Bänke vor einem Altar geordnet waren, wodurch der ehrgeizige Wachtmeister bereits wieder etwas Finsteres entdeckt zu haben glaubte und scharf fragte, welche Zeremonien denn hier abgehalten würden. Der Professor beruhigte jedoch, das sei die Kapelle des ehemaligen Mädchenpensionats, worauf Stutz entgegnete: Eine Kapelle unter dem Boden, und niemand weiß etwas davon, das ist sehr verdächtig!

In der Nähe der Waschküche fanden sie einen mit Pritschen ausgelegten Raum und ruhten sich aus, da sie immerhin zwei Stunden herumgegangen waren, und der Professor sich empfohlen hatte. Stutz lag mit den Kleidern auf der Pritsche und wartete immerzu darauf, einen Geist zu erblicken oder ein Geräusch zu hören. Mit seiner eingeschlafenen und fühllos gewordenen Hand strich er sich zufällig über das Gesicht, daß er glaubte, ein Geist habe ihn berührt und heftig erschrak. Jucker entfernte sich, um auf die Toilette zu gehen, und als Stutz einen Lichtschein gewahrte, vermutete er, dieser dringe vom Klosett herüber und wartete auf das Ziehen der Spülung und das Ausgehen des Lichtes. Doch da sah er, wie das Licht sich näherte und aus unerklärlichen Gründen über die Wände wanderte und sofort brach ihm der kalte Schweiß aus. Mit schreckenerstarrtem Gesicht erblickte er im Korridor eine Gestalt, die in weißes Leinen geschlagen war, im Gesicht einen wilden Schnurrbart und in der Rechten eine Laterne trug. Doch da erklang die Spülung, das Licht ging aus und Jucker kam in den Schlafraum zurückgeschlurft, wo Stutz den Befehl zum Aufbruch gab. Vor der Waschküche vernahmen sie ein Geräusch aus dem Innern, doch sie wagten nicht, hineinzugehen und schlichen lediglich der rohen Mauer entlang zum Waschküchenfenster. Zögernd warf Stutz einen Blick ins Innere und schaute genau in einen Spiegel an der gegenüberliegenden Wand, in welchem sich, wie er jetzt zu seinem Entsetzen bemerkte, das Gesicht eines häßlichen Gnomes spiegelte, welches aber sogleich verschwand. Erschreckt wich

Stutz einen Schritt zurück, sein Herz klopfte heftig, ein Schwächegefühl, hervorgerufen durch die Angst, stieg seinen Körper hoch. Nun sah ihm nur noch sein eigenes Gesicht entgegen, die Waschküche war aufgeräumt, die Badewanne lehnte hochkant am Badeofen, die Holzzuber standen umgestellt am Boden. Eine Ewigkeit hatte sich hier niemand mehr gewaschen und doch sah er deutlich eine Mißgeburt, die halb ausgekleidet am Waschtrog stand, als ob sie sich waschen wolle. Stutz packte lähmende Angst und er atmete tief, sodaß sich der mißgebürtige Mann umwandte, ihn traurig ansah und langsam auf ihn zuschwebte. Erschüttert ob diesem Bild, verhielt sich Stutz erst starr an seinem Standort, stieß dann einen Schrei des Entsetzens aus und floh, gefolgt von seinen Untergebenen, die nichts gesehen hatten, durch den Korridor, die Treppe hinauf, die Haustür hinaus und verschwand in der Nacht.

Der Vorfall wurde nie erwähnt, die zerbrochenen Türen und Fenster wurden anstandslos ersetzt.

(1974)

# Das Nachbardorf

Am späten Nachmittag entdeckte der Berichterstatter der Talzeitung inmitten all der vielen Leute plötzlich das Gesicht eines wohlbekannten Mannes. Er verlor keine Zeit und machte sich sogleich an dessen Verfolgung, um ihn zu fragen, was er ausgerechnet in diesem Dorfe mache. Bei den Treppen hatte er sich bereits bis zu ihm vorgedrängt und konnte es somit wagen, ihn über die Schulter hinweg anzusprechen. Sind Sie nicht Friedrich Blei? fragte er. Wohnen Sie am Ende gar in diesem Dorf? Aber Sie sind doch außerordentlich berühmt? Zwar wisse er in diesem Augenblick gar nicht mehr, auf welchem Gebiet er sich hervorgetan und mit großen Leistungen verdient gemacht habe, doch handle es sich hier sicherlich nur um eine kurzzeitige Gedächtnisschwäche. Noch vor wenigen Wochen habe er es gewußt und bereits in einem Tag oder vielleicht gar schon in einer Stunde werde es ihm wieder einfallen. Aber ob er ihm denn nun nicht endlich sagen wolle, welche Wissenschaft er betreibe? Er werde doch nicht etwa in diesem Bauerndorf einen Vortrag halten wollen? Vielleicht heute abend, im Kirchsaal? Warum er denn nicht menschenabgeschieden wohne, wie es sich für große Denker wie ihn gezieme? – Aber das wohne ich ja, sagte nun endlich Blei, und zwar in einem einsamen Gehöft auf der *Hulftegg*! Er habe nämlich das Glück, fuhr Blei weiter, in einem Dorf und zugleich abgelegen zu wohnen.

Nun redete wieder der Berichterstatter auf Blei ein, währenddem sie sich immer mehr von jeder menschlichen Behausung entfernten. Als sie im tiefen Wald durch das Holzfällerlager schritten, erzählte Blei von einem toten Holzfäller, welcher einige Tage in ihrem Gehöft aufgebahrt gewesen sei. Er habe einen riesigen Schnurrbart gehabt und seine Hände seien keine Menschenhände gewesen. Seine Töchter würden in ihren Spielen bis zum Holzfällerlager vordringen, um diese armen Männer zu erschrecken.

Die Holzfäller kämen das ganze Jahr durch nie aus dem dunklen Wald heraus und niemand wisse eigentlich, in wessen Diensten sie stünden. Die Holzhändler kämen jeweils direkt ins Lager, um ihnen das Holz abzunehmen. Seine Töchter würden sich leise anschleichen und dann, hinter dicken Baumstämmen versteckt, Tannzapfen ins Lager werfen. Die weltabgeschiedenen Holzfäller, welche an Geister glauben, würden zwar die fliegenden Tannzapfen, jedoch nicht die Töchter sehen. Sie seien in ihre Arbeit vertieft, wüßten genau, daß es im Wald keinen Menschen gebe und würden folglich zutode erschrecken.

Der Berichterstatter und Blei erreichten nun den Waldrand und erblickten die drei Töchter vor dem Gehöft. Es ist die Regel, daß intelligente Menschen dumme Kinder haben. Bei der ungewöhnlich hohen Intelligenz Bleis jedoch, waren seine Töchter geradezu schwachsinnig geworden. Sie spielten Hühner in einem Hühnerhof, gackerten, pickten, umkreisten sich und plusterten in einemfort mit den Armen. Doch der Berichterstatter wußte, wie man sich bei solchen Menschen beliebt macht. Er ging schnurstracks auf die Erste zu, sagte beruhigend *Guten Tag, ja, ja, Guten Tag,* wobei er ihr auf die Schulter tätschelte. Die Älteste fuhr herum, stürzte sich, kaum hatte sie den Berichterstatter erblickt, auf dessen Hände und verbiß sich darin. Der Berichterstatter stieß sie von sich und besah sich die eigenartige Verletzung an der rechten Hand. Eine tiefe Delle teilte beinahe seinen Zeigefinger, ohne daß die Haut jedoch gerissen war. Die Frau Friedrich Bleis, die Gute, rief sofort nach Verbandszeug, obwohl ja gar kein Blut zu sehen war. Der Berichterstatter fragte verwundert, ob sie denn nicht gemerkt hätten, was mit der Ältesten los sei. Doch Blei erwiderte, sie wüßten selbstverständlich, daß die Älteste besessen sei, aber ob er vielleicht wisse, was man dagegen tun könne. Jedenfalls, sagte der Berichterstatter, sei es nicht zu empfehlen, seine Kinder in die Nähe von weltabgeschieden lebenden Holzfällern zu lassen.

Und mehr zu sich sagte er dann: Nun, dadurch daß der böse Geist in die Älteste eingefahren ist, konnten die Holzfäller wenigstens eines ruhigen Todes sterben. Was denn die Töchter am Abend spielen würden, wollte nun der Berichterstatter wissen. Es sei das Berufsspiel, antwortete Blei, bei welchem der Beruf des verkleidet Eintretenden von den in der Stube sitzenden Teilnehmern erraten werden müsse. Nun, sagte der Berichterstatter, so werde er an diesem Abend einen Kapuziner darstellen. Denn nur mit der Versinnbildlichung des Guten sei der Teufel auszutreiben.

Als es zu dunkeln begann, ging der Berichterstatter

in den Wald und bastelte sich aus zwei Hölzchen und einigen Schlinggewächsen ein Kreuz. Er zog sich einen aufgeschnittenen Kartoffelsack als Kutte über den Kopf und band sich einen Strick um den Leib. Langsam trat er in die düstere Stube ein und schritt mit gefalteten Händen vor den Familienmitgliedern auf und ab. Doch schon bald mußte er merken, daß keine der um die brennende Kerze sitzenden Töchter seinen Beruf erriet. So setzte er sich enttäuscht an den Tisch und ließ einem anderen Teilnehmer den Vortritt. Leise flüsterte Blei ihm zu, daß die Älteste an solchen Vollmondnächten jeweils ein von den Holzfällern geschenktes Buch zur Hand nehme.

Als der Vollmond zu leuchten begann, hielt die Älteste tatsächlich plötzlich ein schweres Buch in den Händen, welches sie langsam in die Höhe hob. Der Berichterstatter war kein Handwerker, weshalb ihm in diesem Augenblick das Kreuz unter der Kutte auseinanderfiel. Rasch hob er den Sack und versuchte das Kreuz zu flikken. In diesem Augenblick hatte die Älteste das Kreuz auch schon entdeckt und starrte gebannt darauf. Sie senkte langsam das Buch auf die Tischplatte und seufzte, als wollte sie sagen, daß sie heute keine Lust habe. Sofort ließ der Berichterstatter die Kutte wieder über das Kreuz fallen, um in der Ältesten kein Mißtrauen zu wecken. Zusätzlich entfernte er sich auch noch von ihr, indem er auf der Eckbank mehr und mehr zurückrutschte. In den Augen der Ältesten stand der Haß geschrieben, trotzdem faßte sie aber langsam wieder Zutrauen. Ohne den Blick vom Berichterstatter zu nehmen,

hob sie das schwere Buch langsam wieder in die Höhe.
In diesem Augenblick machte sich der böse Geist in ihr
bemerkbar. Sie stieß den Tisch um und warf sich auf
den völlig überraschten Berichterstatter. Entsetzt wichen
die Familienmitglieder zurück, während der Berichterstatter
überall sein Kreuz suchte. Die Älteste zerriß
ihm im Nu die Kutte und drängte ihn zum weit
offen stehenden Fenster. Beherzt riß er jedoch sein
Kreuz hervor, welches erneut auseinandergefallen war.
Die Älteste beachtete das Kreuz aber gar nicht, sondern
bohrte all ihre Zähne in seine Hand, mit welcher er das
Querhölzchen hielt, damit die Versinnbildlichung Gottes
deutlich werde. Ohne den Schmerz zu beachten, hielt
der Berichterstatter das Kreuz zusammen und wich keinen
Zentimeter zurück. Er stellte fest, daß sich die
Zähne der vor ihm knieenden Ältesten zu unzähligen
spitzen Reißzähnchen verwandelt hatten. Dieses Beißen
konnte ihn nicht mehr schmerzen, sondern nur noch kitzeln.
Er wußte nicht, ob ihm dieses ständige Knabbern
der kreischenden Tochter einen Ekel verursachen sollte
oder Wohlgefallen. Als ihn nun beim ständigen Sichwinden
mit der Furie der Mond voll anleuchtete, konnte
er diesen Halbschmerz nicht länger ertragen. Das Kitzeln
entspannte seine Hände und ein wohliges Gefühl
fuhr seine Arme hoch und breitete sich über seinen Oberkörper
aus. Nicht zuletzt wegen der Hilflosigkeit in seiner
Lage begann er, zuerst verkrampft, dann stoßartig
und schließlich immer freier, lauthals zu lachen. Die
Älteste hatte ihr Ziel erreicht, sie hatte die Oberhand
wiedergewonnen. Wild fuhr sie hoch und zerkratzte

dem Berichterstatter das Gesicht, wobei sich sein Schmerz vollends in Wollust verwandelte. Während er sich vor Lachen kaum noch aufrecht halten konnte, fiel die Älteste plötzlich tot zu Boden. Im gleichen Augenblick fühlte sich der Berichterstatter von einer inneren Macht ruckartig hochgezerrt. Ein unwiderstehliches Verlangen hieß ihn aus dem Fenster steigen und sich vom Haus entfernen, wobei sich bereits eine vorbestimmte Richtung abzuzeichnen begann. Er fühlte sich förmlich von einem unsichtbaren Magnet angezogen, sodaß er eher schwebte als schritt. Eine große Kraft stieß und drängte ihn über die Wiesen und Felder, vorwärts durch die Vollmondnacht, hinüber ins Nachbardorf, seinem neuen Wirkungskreise zu.

(1975)

Rolf Michaelis
Das Huhn ist eine Ente
oder
Die Wirklichkeit, die Irrealität
genannt wird

Laudatio auf Franz Böni zur Verleihung des Förderpreises des Bremer Literaturpreises 1982

Leser von Franz Böni müssen gut zu Fuß sein. Denn Lesen ist, selbst im Sitzen, – Wandern, Erfahren, Erfahrungen sammeln. Die Hauptfiguren in den fünf Büchern Bönis, die in den letzten vier Jahren erschienen sind, befinden sich auf Wanderschaft, die stets auch Sinnbild ist für die Mühsal der Lebensreise. »Ein Wanderer im Alpenregen« – so heißt das erste Buch, ein Band mit Erzählungen, mit dem der 1952 in Winterthur geborene Autor 1979 seinen Fuß in den inneren Bezirk der zeitgenössischen Literatur deutscher Sprache gesetzt hat. »Die Wanderarbeiter« – so heißt der vor einem Jahr erschienene Roman, für den ihm die Rudolf-Alexander-Schröder-Stiftung den Förderpreis des Bremer Literaturpreises 1982 verleiht. Die »Wanderarbeiter« – das sind Fremdarbeiter, »Gastarbeiter«, wie es ein verlogener Sprachgebrauch will, ausgebeutete »Arbeitnehmer«, wie das ähnlich häßliche Wort für Arbeiter heute heißt. In einem Vorspruch zu seinem zweiten Roman schreibt Böni: »In den Depressionsjahren zogen Wanderarbeiter scharenweise auf Arbeitssuche durch das Land. Wer irgendwo Anstellung fand, konnte bleiben, die anderen mußten weiterziehen.«

Auch Franz Zuber, die lungenkranke Mittelpunktsfigur in Franz Bönis erstem Roman, »Schlatt«, aus dem Jahr 1979, sehen wir ziellos durch finstere Alpentäler streifen. Aber je mehr konkret-reale oder erfundene Ortsnamen genannt werden – Falenegg, Leinenberg, Buchenhof, Unterhüttstel, Tiefenstein, Tannenweid, Geißacker, Funkenbühl, Gmeintobel – die scheinbar dazu dienen, die Begebenheiten, von denen erzählt wird, in der Schweiz anzusiedeln, desto fremder wird die Landschaft, desto unwirklicher die Erzählung. In Bönis Phantasie-Land, keinem helvetischen Ferien-Paradies, sondern einer Alptraum-Schweiz, kann es denn auch geschehen, daß der sich durch einen Schneesturm kämpfende Franz Zuber »in seinem Augenwinkel in der weißen Wand, die sich über der Mulde befand, einen rotgekleideten Piloten an einem Fallschirm herabgeschwebt kommen« sieht und »ein Flöten« vernimmt: »Es klang wie das pfeifende Geräusch in einer hohlen Teppichstange, nur daß es aus Himmelssphären zu kommen schien. Was ist? fragte sich Zuber, höre ich bereits die Engelchöre singen?«

Auch in den beiden Prosa-Bänden »Hospiz« und »Der Knochensammler« sehen wir Talhändler, Hausierer, arbeitslose Knechte durch die für Bönis Welt charakteristische Voralpenlandschaft schweifen oder in Hochalpentälern einen Paß ins andere Tal, in eine andere Welt suchen. Was Böni schreibt, ist eine Literatur der Grenzüberschreitung in mehrfachem Sinn. Seine Gestalten kommen aus einem Zwischenreich, nicht Berg, nicht Tal, und entziehen sich jeder Fixierung durch Arbeit, festen Wohnort, erotische oder familiäre Bindung. Sie sind in Grenztälern zuhaus, in Grenzbezirken nicht nur geographischer, sondern auch gedanklicher, sprachlicher, emotionaler Ordnung. »Grenzbahnhof« heißt ein Prosastück im Band »Der Knochensammler«, ein anderes »Die Grenze der Aufnahmefähigkeit« und die Prosaskizze »Am Ende der Talsohle« endet mit den Worten: »Endlich hatte ich den Grat erreicht, dachte ans Abalpen, freute mich, alpwärts steigen zu können, um in einem besseren Land den Handelsweg fortzusetzen.«

Ein »besseres Land«? Für die erschöpften Straßenhändler, Tagelöhner, Wanderarbeiter ist es oft der totenähnliche Schlaf, in den sie fallen. Die Grenze, an der Franz Böni seine Erzählungen und Romane auch ansiedelt, die sich wenig voneinander unterscheiden, alle ein einziges großes monologisches Werk bilden – die Grenze ist immer wieder die zwischen Traum und Wachen, wobei im Halbschlaf kaum noch zu unterscheiden ist, was noch Träumen, was schon Wachen ist – eine Erfahrung, die Franz Zuber in dem Roman »Schlatt« qualvoll erlebt: »Oft stellte er sich diesen Kampf ums Erwachen noch im Schlaf vor, sodaß er froh war, endlich wach zu sein, ohne dabei zu merken, daß er sein Wachsein nur träumte.«

»Ein besseres Land?« Für Bönis schlaflose, unter Lärm, Umwelt, Mitmenschen leidende Gestalten, die klagen: »Jeder Tag dieses Lebens ist für mich eine Qual. Mein einziges Ziel ist, dieses Leben so schnell wie möglich hinter mich zu bringen ... Ich lebe nicht, ich zögere nur hinaus« – für diese Menschen meint der Traum vom besseren Land auch – den Tod. Am Ende tröstet sich einer der »Wanderarbeiter« so: »Ich habe einen Freund, der mich immer begleitet, und der heißt Tod. Ich kann mich auf ihn verlassen, und wenn große Gefahr ist stärkt mich das Bewußtsein seiner Nähe.« Im Band »Der Knochensammler« sieht ein ausgemergelter Arbeiter in einer Spinnereifabrik – auch er getauft, wie fast alle Männer bei Böni, auf einen zugleich an den Menschenvater Adam, an Bönis Vornamen Franz und an das literarische Vorbild Franz Kafka erinnernd auf einen Namen mit vielen A's – Hans Appert also sieht »im Sonnenlicht unzählige Eichelhäher« kreisen und »erkennt in diesem Bild das Ewige, den Kreislauf des Lebens, das Wiederkehrende, das Überdauernde und den Tod«.

Spielen deshalb Franz Bönis Geschichten in einem gesellschaftlichen Niemandsland? Sind seine Geschichten, wie getadelt wurde, wie getadelt wird, Literatur einer weltabweisenden Innerlichkeit? Als ob nicht, gerade durch die Aussparung, Mit- und Umwelt bedrückend gegenwärtig wären. In einer Prosaskizze mit dem Titel »Der Dichter« hat Böni, dessen am Rande der Gesellschaft lebende Männer keine Frauen außer der Mutter zu kennen, geschweige denn zu begehren scheinen, indirekt einmal auf solch blinde Vorwürfe geantwortet: »Schade, daß er nicht über die Liebe schreibt. Diese Toren! Auch wenn er über Irrenhäuser schrieb, so hatte er in Wirklichkeit nie etwas anderes als über die Liebe geschrieben.«

Wer nun gar meint, mit den »Wanderarbeitern« habe Böni nur eine weitere Variation seines bekannten Themas von der Einsamkeit und Vereinzelung des Menschen geschrieben, der ist taub für den neuen Ton in diesem Buch, den ich ungern sozialkritisch nenne, weil solche Kritik, unausgesprochen, stets vorhanden war. Aber es gibt, auch in der sogenannten Literatur der Arbeitswelt, zur Zeit kein Buch, das Elend und Ausbeutung von Menschen am Fließband und in Schichtarbeit so lähmend genau beschreibt wie Bönis Buch von allen Arbeitsplätzen in einer Textilfabrik. Und wer eine heftige, wenn auch pauschale Kritik an den zu Polizei-Staaten degenerierenden Demokratien des Westens lesen will, der schlage dieses Buch auf: Mit einer zugleich realistischen und visionären Kraft sind hier Zustände nicht nur in der Schweiz exakt beschrieben. Aus diesem Realismus der Details und genau protokollierten Halluzinationen entsteht die eigene und eigenartige Wirkung von Bönis Prosa. Ein Realist? Ein Sur-Realist? Beides. Und beides gleichzeitig. Dafür findet Böni im Roman von den »Wanderarbeitern« in einer der Halbschlaf-Traum-Szenen das Bild vom »Huhn, das eine Ente war«, als es der wache Träumer, der träumende Wacher in die Hand nehmen will. Denn – und auch dies ist ein Wort Bönis, womit ich schließen will – es heißt im selben Roman und liest sich wie eine Selbstcharakteristik des Schriftstellers Franz Böni: »Der Geist kam wie ein Pendel immer wieder in jene Zone, in der er sich heimisch fühlte, in die Wirklichkeit, die Irrealität genannt wurde«.

# Inhalt

*Stücke*  7
Stromer (1970)  8
Die Epistel (1976)  29

*Gedichte*  35
Hört ihr die Drescher  37
*Landfahrer* (1970-1975)  39
Spaziergang  41
Der Wandersmann  43
Landfahrer  44
Okie  45
Herbst  46
Hobo  47
Weissland  48
Das Ende der Welt  49
Landesgrenzen  50
*Umfeld* (1970-1978)  51
Die Heiligen  53
Umfeld  54
Eulachstadt  55
Jimi Hendrix  56
Der Krieg der Schwarzen Krähen  57
Christus bei den Soldaten  58
Vorsorge  59
Der Weg in die Fabrik  60
Trost  61

Regeln 62
Boccia 63
Kung Fu 64
Bei den Seilziehern 65
Die Trainsoldaten 66
Arbeit an der Talbahn 67
*Brückenangst* (1975-1980)
Tagine 71
Ein geschlossener Marschtrupp 72
Die Antwort der Ethologen 73
Der Clown im Jenseits 74
Salzmann 75
Plötzlich Oel 76
Loch Ness 77
Von Tal zu Tal 78
Krisen 79
Generalprobe 80
Immer noch am Leben 81
Brückenangst 82
Liebe und Tod 83
Heureuter 84
Hört ihr die Drescher 85

*Aufsätze* 87
Ablaß (1977) 89
Der Dichter (1978) 91
Dichterlesung (1979) 94
Lesereise (1980) 97
Robert Walser (1978) 100
Die Schiltenstock-Wanderung (1980) 103

Höhenwanderer im Schattental (1980)   105

*Erzählungen*   111
Der Wolfsmann (1976)   113
Keiler (1974)   119
Das Nachbardorf (1975)   125

*Rolf Michaelis*
*Das Huhn ist eine Ente*
*oder Die Wirklichkeit, die Irrealität genannt wird*   131

# Bücher von Franz Böni

*Ein Wanderer im Alpenregen*
Erzählungen

»Die Erzählungen des 27jährigen verraten einen Autor, der auf keiner Welle reitet und dessen literarische Eigenständigkeit und Unverwechselbarkeit hoffen lassen.«
Heinz F. Schafroth, in: Weltwoche

*Schlatt*
Roman

»Im Roman ›Schlatt‹ wohnt eine Art Faszination der Einsamkeit, des Endes. Vielleicht kann ein Autor nur einen einzigen derartigen Roman schreiben, weil jede Wiederholung die gesetzten Zeichen entwerten müßte.«
Prof. Egon Wilhelm

*Der Knochensammler*
Erzählungen

»... ein einzigartiger Erzähler, anders als alle anderen.«
Ernst Nef, in: Neue Zürcher Zeitung

*Die Wanderarbeiter*
Roman. Bremer Förderpreis 1982.

»Ein Roman in der Heimatsprache des Jugendprotests.«
Helmut Schödel, in: Die ZEIT

*Hospiz*
Erzählung

»Das tatenlose Warten, die sinnleere Erwartung – dies ein Zeitgefühl zu nennen, ist so naheliegend wie banal. Banal und genauso bedrohlich ist dieses Zeitgefühl wie Franz Bönis Text.«
Urs Bugmann, in: Luzerner Neuste Nachrichten

# Literatur im Ammann Verlag

Thomas Hürlimann
*Die Tessinerin*. Geschichten

Jochen Kelter
*Unsichtbar ins taube Ohr*. Gedichte

Konrad Merz
*Glücksmaschine Mensch*. Plaudereien eines Masseurs

Clemens Mettler
*Gleich einem Standbild, so unbewegt*. Erzählungen

Walter Schenker
*Eifel*. Roman

Hansjörg Schneider
*Ein anderes Land*. Geschichten

Arthur Steiner
*Bis Größe 48*. Geschichten eines Reisenden

Peter Weibel
*Schmerzlose Sprache*. Prosastücke

Markus Imhoof
*Das Boot ist voll*. Ein Filmbuch


In jeder guten Buchhandlung. Prospekte fordern Sie bitte direkt beim Verlag an.